SEMINTA ULTIMA CARTE DE BUCATE

100 de rețete cu semințe de dovleac, semințe de floarea soarelui și multe altele

Gabriel Constantinescu

Material cu drepturi de autor ©2024

Toate drepturile rezervate

Nicio parte a acestei cărți nu poate fi utilizată sau transmisă sub nicio formă sau prin orice mijloc fără acordul scris corespunzător al editorului și al proprietarului drepturilor de autor, cu excepția citatelor scurte utilizate într-o recenzie. Această carte nu trebuie considerată un substitut pentru sfaturi medicale, juridice sau alte sfaturi profesionale.

CUPRINS

CUPRINS 3
INTRODUCERE 6
SEMINȚE DE DOVLEAC 7
   1. Semințe asiatice de mpkin Pu 8
   2. Semințe de dovleac aprinse 10
   3. Pops cu banane Goji cu ciocolată 12
   4. Dovlecel Cu Pesto De Dovleac 14
   5. Salată de vinete fripte 16
   6. Mix de gustări pentru recolta de toamnă 18
   7. Mix de gustări de Halloween 20
   8. Popcorn Berry Trail Mix 22
   9. Ashwagandha Trail Mix 24
   10. Scorțișoară Sugar Tostada Sundaes 26
   11. Parfait Crud Cu Lapte De Spirulina 29
   12. Brioșe cu in și portocale afine 31
   13. Granola Super Chunky condimentată cu Chai 33
   14. Boluri pentru Cheesecake Plăcintă cu Dovleac 36
   15. Mic dejun Cartofi Dulci Cu Ceai Hibiscus Iaurt 39
   16. Boluri pentru mic dejun cu nucă de cocos, quinoa 41
   17. Dovleac Lamington 43
   18. De Capsuni Spanac Cu Dressing Margarita 46
SEMINTE DE FLOAREA SOARELUI 48
   19. Mix de gustări pentru picnic de vară 49
   20. Mix pentru grătar 51
   21. Mix de fructe uscate și nuci 53
   22. Covrigi cu semințe de floarea soarelui din grâu integral 55
   23. Sfecla Cu Gremolata De Portocale 57
   24. Salata de Broccoli Microgreens Cu Avocado 59
   25. Batoane cu caju Ashwagandha 61
   26. Tarte cu Cheesecake Amaretto 64
SEMINTE DE SUSAN 66
   27. Salata de alge Peking 67
   28. Sandwich cu mere cu fructe de padure Goji 69
   29. Briose Matcha Mochi 71
   30. Susan și Macadamia Mooncakes cu piele de zăpadă 73
SEMINȚE DE PEPENE GALBEN 76
   31. Salată de pere, nuci 77
   32. Prajituri de luna cu cafea cu ciocolata neagra 79
   33. Blue Lotus Mooncakes 81
   34. Mooncake cu cafea albă 84
   35. Kahlua Snow Skin Mooncake 87
SEMINȚE CHIA 90

- 36. Biscuiti cu Spirulina ... 91
- 37. Butterfly Pea Ovăz peste noapte ... 93
- 38. Smoothie Bowl cu Matcha și Mazăre Fluture ... 95
- 39. Mazare fluture G laze d Donuts ... 97
- 40. Biscotti cu afine și seminţe de chia ... 99
- 41. Budincă de chia cu flori de soc ... 101
- 42. Smoothie Bowl cu flori de soc ... 103
- 43. Dulceata de Chia de flori de soc ... 105
- 44. Mușcături de energie de hibiscus ... 107
- 45. Budinci de Chia Borcan Mason ... 109
- 46. Ovăz matcha peste noapte ... 111
- 47. Smoothie cu matcha cu avocado ... 113
- 48. Borcane cu Parfait Fistic ... 115

SEMINTE DE IN/IN ... 117

- 49. Chiftele vegane la cuptor ... 118
- 50. Rotunde de biscuiți din fibre ... 120
- 51. Cutie de prânz Biscuiți cu Chip de ciocolată ... 122
- 52. Biscuiți cu Fonio și Moringa ... 124
- 53. Mușcături de energie fără coacere cu Nutella ... 126
- 54. Crisp cu mere, afine, nuci ... 128
- 55. Smoothie de curățare cu fructe de pădure și mătfuri ... 130

SEMINTE DE CARDAMOM ... 132

- 56. Indian Masala Chai Affogato ... 133
- 57. Înghețată Chai ... 135
- 58. Ceai cu fulgi de alge Kombu ... 138
- 59. Prajituri cu unt de portocale si cardamom cu glazura de trandafiri ... 140

SEMINȚE DE CÂNEPĂ ... 144

- 60. Chiftele de sfeclă roșie ... 145
- 61. Afine Spirulina Ovăz peste noapte ... 147
- 62. Smoothie Bowl cu piersici ... 149
- 63. Scoarță de ciocolată cu boabe de Goji ... 151
- 64. Ceai verde și ghimbir Periuță ... 153

SEMINTE DE MAC ... 155

- 65. Vafe cu lamaie si mac ... 156
- 66. Carbquik Bialys ... 158
- 67. Brioșe cu lămâie Carbquik ... 161

SEMINȚE DE MUȘTAR ... 163

- 68. Burekas ... 164
- 69. Chutney de Rubarbă ... 167
- 70. Ridichi murate ... 169
- 71. Muștar Microgreen Dal Curry ... 171
- 72. Muștar Prosecco ... 173
- 73. Mei, orez și rodie ... 175
- 74. Chutney de merișoare și smochine ... 177

SEMINȚE DE FENICUL ... 179

75. Tort Tres Leches Cu Seminte De Fenicul 180
76. Umăr de miel la friptură lent 184
77. Ceai de musetel si fenicul 186

SEMINTE DE CHIMEN 188
78. Plăcintă cu oală de porc de la fermă 189
79. Supa de nucă de cocos Supergreens și Spirulina 191
80. limba germana Bratwurst 193
81. Chimen sărat și biscuiți de secară 195

SEMINTE DE NIGELLA/SEMINTE DE CHIMEN NEGRU 197
82. Tarta Vinete Cu Branza De Capra 198
83. Scones de pui 201
84. Amestec de condimente Tikur Azmud (amestec de chimen negru) 204
85. Curry Verde Matcha Pui Cu Lime 206

SEMINTE DE PAPAIA 209
86. Salsa cu semințe de papaya 210
87. Smoothie cu semințe de papaya 212
88. Sos de semințe de papaya 214

SEMINTE AMESTECE 216
89. Thandai Tres Leches 217
90. Ridichi murate 220
91. Curry De Dovleac Cu Seminte Picante 222
92. Salată De Varză și Rodie 224
93. Salata De Morcovi Si Rodie 226
94. Ceai Masala Condiment 228
95. Naut cu ardei iute condimentat 230
96. De Afine și Nuci 232
97. Godiva și coajă de ciocolată de migdale 235
98. Boluri de dovleac Goji 237
99. Bolul cu iaurt Superfood 239
100. Boluri cu papaya Kiwi 241

CONCLUZIE 243

INTRODUCERE

Bine ați venit la „SEMINTA ULTIMA CARTE DE BUCATE", o aventură culinară care celebrează diversitatea și versatilitatea semințelor. De la semințele de dovleac la semințele de floarea-soarelui și nu numai, semințele nu sunt doar puteri nutritive, ci și adaugă aromă, textură și crocant delicioase unei game largi de preparate. În această carte de bucate, vă prezentăm 100 de rețete care prezintă potențialul incredibil al semințelor, oferind modalități creative și delicioase de a le încorpora în gătit.

Semințele sunt mai mult decât o gustare - sunt o comoară culinară care așteaptă să fie descoperită. Indiferent dacă le presărați pe salate pentru un plus crocant, le folosiți ca acoperire pentru carne și fructe de mare sau le încorporați în produse de patiserie și deserturi, semințele aduc un element unic și satisfăcător fiecărei rețete. În această colecție, vă vom arăta cum să valorificați bunătatea semințelor pentru a crea mâncăruri care sunt atât hrănitoare, cât și delicioase.

Dar „SEMINTA ULTIMA CARTE DE BUCATE" este mai mult decât o simplă colecție de rețete – este o sărbătoare a diversității incredibile și a abundenței semințelor găsite în natură. Pe măsură ce explorați paginile acestei cărți de bucate, veți descoperi beneficiile pentru sănătate și posibilitățile culinare ale semințelor de dovleac, ale semințelor de floarea soarelui, ale semințelor de susan, ale semințelor de chia și multe altele. Indiferent dacă sunteți un bucătar conștient de sănătate sau un entuziast culinar, există ceva în această carte de bucate care să vă inspire și să vă entuziasmeze papilele gustative.

Așadar, indiferent dacă doriți să adăugați un impuls nutritiv meselor sau pur și simplu să explorați noi arome și texturi, lăsați „SEMINTA ULTIMA CARTE DE BUCATE" să vă fie ghidul. De la sărat la dulce, de la simplu la sofisticat, în această colecție există o rețetă de semințe pentru fiecare gust și ocazie. Pregătește-te să pornești într-o călătorie delicioasă prin lumea minunată a semințelor.

SEMINȚE DE DOVLEAC

1.Semințe asiatice de mpkin Pu

INGREDIENTE:
- 2 căni de semințe de dovleac crude, decojite
- 2 linguri sos de soia
- 1 lingurita de ghimbir pudra
- 2 lingurite Splenda

INSTRUCȚIUNI:
a) Preîncălziți cuptorul la 350°F.
b) Într-un castron, combinați semințele de dovleac, sosul de soia, ghimbirul și Splenda, amestecând bine.
c) Răspândiți semințele de dovleac într-o tigaie puțin adâncă și prăjiți timp de aproximativ 45 de minute sau până când semințele sunt uscate, amestecând de două sau trei ori în timpul prăjirii.
d) Fiecare cu 13 grame de carbohidrați și 3 grame de fibre, pentru un total de 10 grame de carbohidrați utilizabili și 17 grame de proteine.

2.Semințe de dovleac aprinse

INGREDIENTE:
- 1 lingurita boia dulce
- ½ linguriță de chimen măcinat
- 1/4 cană ulei de măsline
- 1 lingurita sos Tabasco
- 2 căni de semințe de dovleac decojite
- Sare

INSTRUCȚIUNI:

a) Preîncălziți cuptorul la 400°F. Într-un castron mic, combinați boia de ardei și chimen. Se amestecă uleiul și Tabasco. Adăugați semințele de dovleac și amestecați pentru a se acoperi.

b) Răspândiți semințele pe o foaie de copt și coaceți până când sunt parfumate, aproximativ 5 minute. Scoateți din cuptor, stropiți cu sare după gust și răciți complet înainte de servire.

c) Acestea se consumă cel mai bine în ziua în care sunt făcute, dar, odată răcite, pot fi acoperite și păstrate la temperatura camerei timp de 2 până la 3 zile.

3. Pops cu banane Goji cu ciocolată

INGREDIENTE:
- 4 banane de mărime medie curățate și tăiate în jumătate în cruce
- Bețișoare de popsicle
- 1 ½ cană chipsuri/nasturi de ciocolată neagră
- ¼ lingurita ulei de cocos

TOppinguri
- Muesli prăjit și semințe de dovleac
- Fructe Goji și caise uscate tăiate cubulețe
- Arile de rodie liofilizate și chipsuri de nucă de cocos
- Fistic tocate și migdale mărunțite
- Migdale tăiate și nucă de cocos mărunțită
- Pufurile de quinoa

INSTRUCȚIUNI:
a) Puneți bucăți de ciocolată/butoane cu uleiul de cocos într-un castron sigur pentru cuptorul cu microunde și încălziți timp de cel puțin 15 secunde la putere medie - amestecați între fiecare până se topește.
b) Utilizați o cană cu gura largă, astfel încât ciocolata topită să poată acoperi cel puțin ¾ din lungimea bananei atunci când este înmuiată în ciocolată.
c) Întindeți fiecare topping pe o tavă plată și rulați banana acoperită cu ciocolată în topping-ul dorit. Puneți pe o tavă mică separată cu hârtie ceară.
d) Repetați procesul pentru celelalte garnituri, apoi puneți-le la congelator pentru cel puțin 30 de minute sau până când stratul s-a întărit. Se serveste rece.

4. Dovlecel Cu Pesto De Dovleac

INGREDIENTE:
PESTO DE DOVLEAC:
- ½ cană semințe de dovleac
- ⅜ cană ulei de măsline
- 1 lingura suc de lamaie
- 1 praf sare
- 1 buchet de busuioc

TOPING:
- 7 masline negre
- 5 roșii cherry

INSTRUCȚIUNI:
a) Într-un robot de bucătărie, presează semințele de dovleac în făină fină. Adăugați ulei de măsline, lămâie și sare și amestecați până se omogenizează bine. Opriți-vă din când în când pentru a răzui părțile laterale. Adăugați frunzele de busuioc.
b) Se condimentează cu mai mult ulei de măsline, sare și lămâie. Păstrați pesto-ul într-un borcan sigilat. Va rezista aproximativ o saptamana la frigider.
c) Curățați exteriorul dovleceilor verzi cu un curățător de cartofi. Continuați decojirea până la miez.
d) Amestecați dovlecelul și pesto-ul și acoperiți cu măsline și roșii cherry.

5. Salată de vinete fripte

INGREDIENTE:

- 175 g dovleac
- 1 vinetă mică, tăiată cubulețe
- 1 ceapa rosie, taiata felii
- 1 ardei rosu, feliat
- O mână de spanac cu frunze de pui
- 1 lingura seminte de dovleac
- 1 lingurita Miere
- 1 lingurita otet balsamic

INSTRUCȚIUNI:

a) Preîncălziți cuptorul cu lemne . Pe placa de copt din piatra din interior, tintiti la 952°F (500°C).
b) Adăugați ulei de măsline în tigaia din fontă.
c) Luați tigaia de pe foc odată ce uleiul este fierbinte și adăugați vinetele, ceapa, ardeiul roșu și dovleacul.
d) Dați tava la cuptor pentru 3-5 minute, sau până când legumele sunt fragede și ușor rumenite.
e) Se ia tigaia de pe foc si se presara peste ea otet balsamic si miere.
f) Acoperiți cu o stropire de semințe de dovleac și serviți cu o farfurie de spanac din frunze baby.

6. Mix de gustări pentru recolta de toamnă

INGREDIENTE:
- 6 cani popcorn popcorn
- 1 cană de afine uscate
- 1 cană semințe de dovleac prăjite
- 1 cană de porumb bomboane
- ½ cană alune prăjite cu miere

INSTRUCȚIUNI:
a) Într-un castron mare, amestecați toate ingredientele până se combină bine.
b) Serviți imediat sau păstrați într-un recipient ermetic.

7. Mix de gustări de Halloween

INGREDIENTE:
- 6 cani popcorn popcorn
- 1 cană de porumb bomboane
- 1 cană de covrigei acoperiți cu ciocolată
- 1 cană mini Reese's Pieces
- ½ cană semințe de dovleac

INSTRUCȚIUNI:

a) Într-un castron mare, amestecați toate ingredientele până se combină bine.
b) Serviți imediat sau păstrați într-un recipient ermetic.

8. Popcorn Berry Trail Mix

INGREDIENTE:
- 1 cană popcorn popcorn
- ¼ cană alune prăjite
- ¼ cană migdale prăjite
- ¼ cană semințe de dovleac
- ¼ de cană de afine uscate, fără zahăr adăugat
- 2 linguri chipsuri de ciocolata neagra (optional)
- un praf de scortisoara (optional)
- vârf de cuțit de sare

INSTRUCȚIUNI:
a) Amestecați toate ingredientele, ajustând scorțișoară și sare după gust, dacă doriți.
b) Depozitați într-un recipient etanș.
c) Rezistă până la 2 săptămâni în cămară.

9. Ashwagandha Trail Mix

INGREDIENTE:
- 1 lingura ulei de cocos
- 1 lingurita chimen praf
- 1 lingurita pudra de cardamom
- 1 cană stafide aurii
- 1 cană semințe de dovleac
- 1 lingura de seminte de susan
- 1 linguriță pudră de ashwagandha

INSTRUCȚIUNI:

a) Într-o tigaie mică, încălziți uleiul de cocos la foc mediu-mare. După ce uleiul se lichefiază, adăugați chimen și cardamom. Încinge uleiul și condimentele timp de 1 minut sau până devin aromate. Adăugați stafidele, semințele de dovleac și semințele de susan în tigaie și amestecați pentru a se acoperi uniform cu ulei și ierburi.

b) Se amestecă ocazional timp de 3-5 minute sau până când semințele încep să se rumenească, apoi se iau de pe foc și se amestecă cu ashwagandha.

c) Transferați pe hârtie de copt și întindeți uniform pentru a se răci. Mâncați încă cald pentru un efect suplimentar de împământare.

10.Scorțișoară Sugar Tostada Sundaes

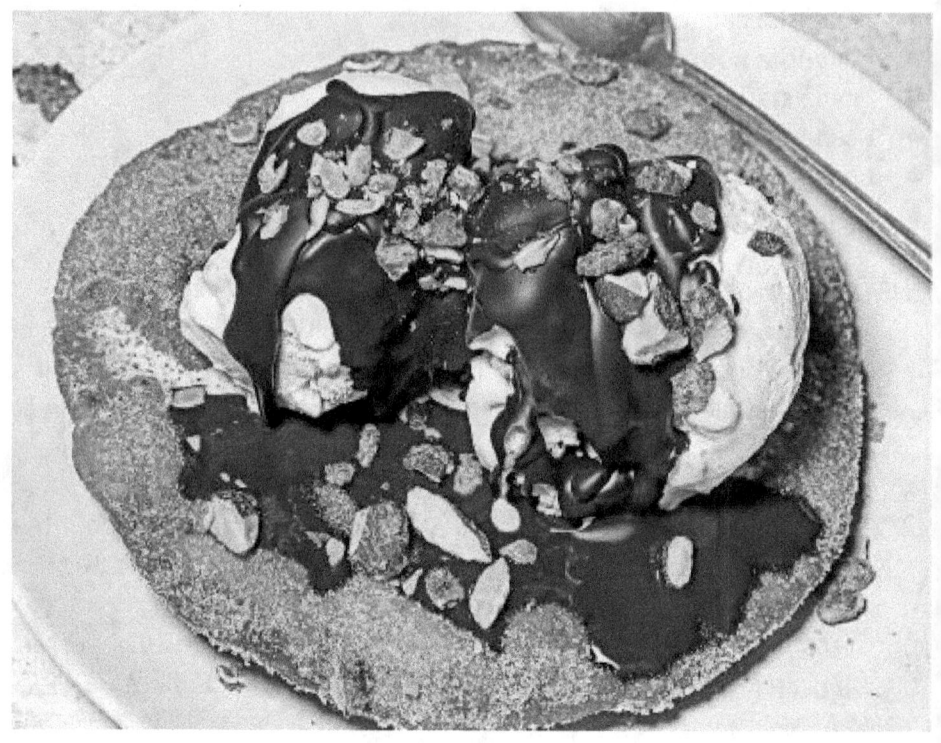

INGREDIENTE:
PENTRU GARNITURA PICANTĂ DE NUCTE:
- ½ cană de zahăr granulat
- ½ linguriță de sare cușer
- 1 lingurita de pudra de chili
- ½ linguriță de piper cayenne
- ½ linguriță de scorțișoară
- 1 albus de ou
- 1 cană de migdale crude
- 1 cană de pepita crude (semințe de dovleac)

PENTRU TOSTADAS:
- 5 linguri de zahăr granulat
- 2 lingurite de scortisoara
- Ulei vegetal pentru prajit
- 4 tortillas cu făină sau porumb (noi am folosit Mi Rancho)

PENTRU SUNDAES:
- Inghetata de vanilie
- Dulce de leche sau fudge de ciocolată
- Frisca
- cireșe maraschino

INSTRUCȚIUNI:
PENTRU CRUNCHUL PICANT DE NUCĂ:
a) Preîncălziți cuptorul la 300 de grade F.
b) Într-un castron mic, amestecați zahărul, sarea, pudra de chili, ardeiul cayenne și scorțișoara.
c) Într-un castron mediu, bate albușul până devine spumos, apoi amestecă ușor migdalele și pepita pentru a le acoperi.
d) Se presară amestecul de condimente peste nuci și se amestecă pentru a se acoperi uniform.
e) Transferați nucile acoperite pe o foaie de copt tapetată cu hârtie de copt, răspândindu-le într-un singur strat.
f) Coaceți nucile până se rumenesc, aruncându-le la jumătate, ceea ce ar trebui să dureze aproximativ 40 până la 50 de minute.
g) Lăsați nucile să se răcească complet, apoi tăiați aproximativ ⅓ cană din ele și lăsați-le deoparte. Veți avea nuci condimentate, pe care le puteți păstra într-un recipient ermetic ca gustare pentru mai târziu.

PENTRU TOSTADAS:

h) Combinați zahărul granulat și scorțișoara într-un castron larg și puțin adânc.
i) Adăugați suficient ulei vegetal într-o tigaie cu fundul greu (cum ar fi fonta) pentru a o umple până la o treime din margini.
j) Încinge uleiul la foc mediu până când strălucește și începe să bule.
k) Puneți cu grijă câte o tortilla în uleiul încins și prăjiți fiecare parte timp de 50 până la 70 de secunde sau până când sunt aurii și crocante pe ambele părți.
l) Transferați fiecare tostada în amestecul de zahăr cu scorțișoară și acoperiți-le complet. Puneți tostadas acoperite cu zahăr cu scorțișoară pe o farfurie și repetați cu tortillas rămase.

PENTRU A ASAMBLA SUNDAES:
m) Acoperiți o tostada acoperită cu zahăr de scorțișoară cu o lingură de înghețată de vanilie.
n) Stropiți cu dulce de leche sau fudge de ciocolată.
o) Terminați adăugând o mână de crocant de nuci picant și topping și orice alte toppinguri dorite.

11. Parfait Crud Cu Lapte De Spirulina

INGREDIENTE:
USCAT
- ½ cană de ovăz
- 1 lingura de mar, uscat
- 1 lingura migdale, activate
- 1 lingură niburi dulci de cacao
- 1 lingura caise, uscate, tocate marunt
- ½ linguriță pudră de vanilie
- 1 lingură pudră de maca

LICHID
- 1 cană, lapte de caju
- 1 lingura pulbere de spirulina
- 2 linguri de seminte de dovleac, macinate

INSTRUCȚIUNI:
a) Într-un borcan de zidărie se adaugă și se adaugă ovăzul, merele, migdalele și caisele și se adaugă cu vârfuri de cacao.
b) Apoi puneți laptele de caju, spirulina și semințele de dovleac într-un blender și pulsați la maxim timp de un minut.
c) Turnați laptele finit peste ingredientele uscate și savurați.

12. Brioșe cu in și portocale afine

INGREDIENTE:
- 2 căni de Carbquik
- 2 linguri de proteine de design de ciocolată (opțional)
- 1 cană făină de in
- 1 cană de îndulcitor termostabil (de exemplu, ⅔ cană Splenda, ⅓ cană xilitol, 1 pachet Stevia Plus)
- 1 pachet Jello de portocale fără zahăr
- 2 lingurițe praf de copt
- ½ cană de unt sau de shortening
- 1 cană lapte
- 1 cană de sirop de vanilie fără zahăr
- 2 lingurițe extract de vanilie
- 4 ouă
- 1 cană semințe de dovleac
- ½ pachet de afine

INSTRUCȚIUNI:
a) Preîncălziți cuptorul la 350 de grade Fahrenheit (175 de grade Celsius).
b) Pulverizați 24 de forme de brioșe cu spray de gătit antiaderent cu aromă de unt.
c) Într-un bol de amestecare, combinați Carbquik, Chocolate Designer Protein (dacă utilizați), făină de in, îndulcitor termostabil (Splenda, xilitol, Stevia Plus), Jello fără zahăr de portocale și praf de copt. Amesteca-le.
d) Adăugați untul sau scurtarea și amestecați până când amestecul este ușor umezit.
e) Se amestecă laptele, siropul fără zahăr, extractul de vanilie și ouăle. Se amestecă până se combină bine.
f) Încorporați ușor semințele de dovleac și merișoarele.
g) Turnați aluatul în formele de brioșe pregătite, împărțindu-l între cele 24 de căni.
h) Coacem in cuptorul preincalzit 25-30 de minute, sau pana cand briosele sunt complet copte si o scobitoare introdusa in centru iese curata.
i) După ce sunt gata, scoateți brioșele din cuptor și lăsați-le să se răcească în formele pentru brioșe câteva minute.
j) Transferați brioșele pe un grătar pentru a se răci complet.
k) Bucurați-vă de brioșele de in Carbquik Cranberry Orange!

13.Granola Super Chunky condimentată cu Chai

INGREDIENTE:
- ¼ cană unt de migdale (sau orice unt de nuci/semințe la alegere)
- ¼ cană sirop de arțar
- 2 lingurite extract de vanilie
- 5 lingurite de scortisoara macinata
- 2-3 lingurițe de ghimbir măcinat
- 1 lingurita cardamom macinat
- 1 ½ cană de ovăz rulat (asigurați-vă că nu conține gluten dacă este necesar)
- ½ cană nuci sau nuci pecan, tocate grosier
- ¾ cană fulgi de cocos neîndulciți
- ¼ cană semințe de dovleac crude (pepitas)

INSTRUCȚIUNI:

a) Preîncălziți cuptorul la 325 de grade F (160 ° C) și tapetați o foaie de copt de dimensiune standard cu hârtie de copt.
b) Într-un castron mediu, combinați untul de migdale, siropul de arțar, extractul de vanilie, scorțișoara măcinată, ghimbirul măcinat și cardamomul măcinat. Bateți până când amestecul este omogen.
c) Adăugați ovăzul rulat, nucile sau nucile pecan tocate, fulgii de nucă de cocos neîndulciți și semințele de dovleac crude în bolul cu amestecul de unt de migdale. Amestecați bine pentru a vă asigura că toate ingredientele uscate sunt acoperite uniform.
d) Transferați amestecul de granola pe foaia de copt pregătită, întindeți-l într-un strat uniform. Dacă faceți un lot mai mare, utilizați foi de copt suplimentare după cum este necesar.
e) Coaceți în cuptorul preîncălzit pentru 20-25 de minute. Fii vigilent spre final pentru a preveni arderea. Granola este gata când devine parfumată și se închide la culoare.
f) Notă: Dacă preferați granola foarte gros, evitați să o aruncați în timpul coacerii. Pentru o textură mai sfărâmicioasă, amestecați sau aruncați un pic granola la jumătate pentru a rupe orice cocoloașe.
g) Odată ce granola este vizibil rumenită și parfumată, scoateți-o din cuptor. Aruncați ușor granola pentru a lăsa excesul de căldură să scape. Lăsați-l să se răcească complet pe tava de copt sau într-un vas termorezistent.
h) Păstrați granola super chunky condimentată cu Chai într-un recipient sigilat la temperatura camerei timp de până la 1 lună sau în congelator până la 3 luni.
i) Bucurați-vă de granola singură, cu lapte, iaurt sau stropită peste fulgi de ovăz pentru un mic dejun sau o gustare delicioasă!

14. Boluri pentru Cheesecake Plăcintă cu Dovleac

INGREDIENTE:
- 4 uncii de brânză cremă, înmuiată
- 1 cană de iaurt grecesc simplu, plus mai mult pentru topping
- 1 cană piure de dovleac
- ¼ cană sirop de arțar
- 1 lingurita extract de vanilie
- 2 lingurite de scortisoara macinata
- 1 lingurita de ghimbir macinat
- ½ lingurita de nucsoara macinata
- Sare de mare fină
- 1 cană granola
- Semințe de dovleac prăjite
- Nuci pecan tocate
- Arile de rodie
- Bucuri de cacao

INSTRUCȚIUNI:

a) Adăugați cremă de brânză, iaurtul, piureul de dovleac, siropul de arțar, vanilia, condimentele și un praf de sare în vasul unui robot de bucătărie sau al blenderului și procesați până când devine omogen și cremos. Transferați într-un bol, acoperiți și lăsați la frigider pentru cel puțin 4 ore.

b) Pentru a servi, împărțiți granola în boluri de desert. Acoperiți cu amestecul de dovleac, o praf de iaurt grecesc, semințe de dovleac, nuci pecan, aride de rodie și niburi de cacao.

c) Adaugă farro-ul, 1¼ cană (295 ml) de apă și un praf generos de sare într-o cratiță medie. Aduceți la fierbere, apoi reduceți focul la mic, acoperiți și fierbeți până când farro-ul este fraged cu o mesteca ușoară, aproximativ 30 de minute.

d) Combinați zahărul, restul de 3 linguri (45 ml) de apă, boabele de vanilie și semințele și ghimbirul într-o cratiță mică la foc mediu-mare. Se aduce la fierbere, amestecând până se dizolvă zahărul. Se ia de pe foc si se lasa la macerat 20 de minute. Între timp, pregătiți fructele.

e) Tăiați capetele grapefruit-ului. Așezați pe o suprafață de lucru plană, cu partea tăiată în jos. Folosiți un cuțit ascuțit pentru a tăia coaja și miezul alb, urmând curba fructului, de sus în jos. Tăiați între membrane pentru a îndepărta segmentele de fructe. Repetati același proces pentru a curăța și a segmenta portocala sanguină.

f) Scoateți și aruncați ghimbirul și boabele de vanilie din sirop. Pentru a servi, împărțiți farro-ul în boluri.

g) Aranjați fructele în jurul vârfului vasului, stropiți cu aride de rodie și apoi stropiți cu sirop de ghimbir-vanilie.

15. Mic dejun Cartofi Dulci Cu Ceai Hibiscus Iaurt

INGREDIENTE:
- 2 cartofi dulci mov

PENTRU GRANOLA:
- 2 ½ căni de ovăz
- 2 lingurite de turmeric uscat
- 1 lingurita scortisoara
- 1 lingura coaja de citrice
- ¼ cană miere
- ¼ cană ulei de floarea soarelui
- ½ cană semințe de dovleac
- strop de sare

PENTRU IAURT:
- 1 cană iaurt simplu grecesc
- 1 lingurita sirop de artar
- 1 pliculeț de ceai de hibiscus
- flori comestibile, pentru decor

INSTRUCȚIUNI:
a) Preîncălziți cuptorul la 425 de grade și înțepați cartofii peste tot cu o furculiță.
b) Înfășurați cartofii în folie și coaceți timp de 45 de minute până la o oră.
c) Scoateți din cuptor și lăsați să se răcească.

PENTRU GRANOLA:
d) Reduceți căldura cuptorului la 250 de grade și tapetați o tavă de copt cu hârtie de copt.
e) Combinați toate ingredientele granola într-un castron și amestecați până când totul este acoperit cu miere și ulei.
f) Transferați pe tava tapetată și întindeți cât mai uniform posibil.
g) Coaceți timp de 45 de minute, amestecând la fiecare 15 minute, sau până când granola se rumenește.
h) Scoateți din cuptor și lăsați să se răcească.

PENTRU IAURT:
i) Faceți ceai de hibiscus conform instrucțiunilor pliculeței și lăsați-l deoparte să se răcească.
j) Odată ajuns la temperatura camerei, amestecați siropul de arțar și ceaiul în iaurt până când ajungeți la o textură netedă și cremoasă, cu o nuanță ușor roz.

A ASAMBLA:
k) Tăiați cartofii în jumătate și acoperiți cu granola, iaurt aromat și flori comestibile pentru ornat.

16. Boluri pentru mic dejun cu nucă de cocos, quinoa

INGREDIENTE:
- 1 lingura ulei de cocos
- 1½ cană de quinoa roșie sau neagră, clătită
- Cutie de 14 uncii de lapte de cocos ușor neîndulcit, plus mai mult pentru servire
- 4 căni de apă
- Sare de mare fină
- linguri de miere, agave sau sirop de artar
- 2 lingurite extract de vanilie
- Iaurt de cocos
- Afine
- fructe de padure goji
- Semințe de dovleac prăjite
- Fulgi de nucă de cocos prăjiți, neîndulciți

INSTRUCȚIUNI:
a) Încinge uleiul într-o cratiță la foc mediu. Adăugați quinoa și prăjiți timp de aproximativ 2 minute, amestecând des. Se amestecă încet cutia de lapte de cocos, apa și un praf de sare. Quinoa va clocoti și va țâșni la început, dar se va așeza rapid.

b) Se aduce la fierbere, apoi se acopera, se reduce focul la mic si se fierbe pana ajunge la o consistenta frageda, cremoasa, aproximativ 20 de minute. Se ia de pe foc și se amestecă mierea, agave, siropul de arțar și vanilia.

c) Pentru a servi, împărțiți quinoa în boluri. Acoperiți cu lapte de cocos suplimentar, iaurt de cocos, afine, fructe de pădure goji, semințe de dovleac și fulgi de nucă de cocos.

17.Dovleac Lamington

INGREDIENTE:
BURET DE DOVLEAC:
- 2 căni de făină universală
- 2 lingurite praf de copt
- 1 lingurita scortisoara macinata
- ½ linguriță de ghimbir măcinat
- ½ lingurita de nucsoara macinata
- ¼ de linguriță de ienibahar măcinat
- ¼ de linguriță cardamom măcinat
- 1½ cană de zahăr granulat
- 1½ cană de piure de dovleac conservat
- ½ cană de ulei vegetal cu gust neutru (canola sau floarea soarelui)
- 4 galbenusuri de ou (temperatura camerei)
- 4 albusuri (temperatura camerei)

UMPLERE:
- 1 cana crema de branza (temperatura camerei)
- 2 linguri frisca pentru frisca
- 2 linguri de zahar pudra

STRAT:
- ⅔ cană piure de dovleac conservat
- ¼ cană smântână pentru frișcă
- ½ lingurita de nucsoara macinata
- ½ lingurita de scortisoara macinata
- 1 linguriță sare fină
- 1½ cană ciocolată de acoperire albă tocată
- 1½ cană de semințe de dovleac măcinate
- ¾ cană nucă de cocos măruntită neîndulcit

INSTRUCȚIUNI:
BURET DE DOVLEAC:
a) Preîncălziți cuptorul la 325°F și poziționați un grătar în centru. Tapetați o tavă de tort de 9" x 13" cu hârtie de copt pe fund și pe părțile laterale.

b) Cerne împreună făina, praful de copt și condimentele într-un castron mediu.

c) Într-un alt castron, amestecați zahărul, piureul de dovleac, uleiul și gălbenușurile de ou. Încorporați amestecul de făină cernut cu o spatulă până când se combină. Evitați amestecarea excesivă.

d) În vasul curat al unui mixer cu stand sau folosind un mixer electric de mână, bate albușurile spumă la viteză mare până se formează vârfuri moi, aproximativ 4-5 minute.
e) Puneți ușor o treime din albușurile bătute spumă în amestecul umed de făină până se combină bine. Apoi, amestecați ușor bezea rămasă.
f) Turnați aluatul în tava pregătită și coaceți timp de 30-40 de minute, rotind tava la jumătatea coacerii. Tortul se face atunci cand un tester de prajituri introdus in centru iese curat. Se lasa sa se raceasca inainte de a umple.

UMPLERE:
g) Amestecă toate ingredientele de umplutură cu mâna într-un castron mediu până se încorporează bine.

STRAT:
h) Într-o cratiță mică, combinați piureul de dovleac, smântâna, condimentele și sarea. Gatiti la foc mediu, amestecand continuu pana se fierbe.
i) Puneți ciocolata albă într-un bol termorezistent. Se toarnă amestecul fierbinte de dovleac peste ciocolată. Lăsați să stea 1-2 minute, apoi amestecați până când ganache-ul este omogen.
j) Într-un castron separat, combinați semințele de dovleac măcinate și nuca de cocos mărunțită.

ASAMBLARE:
k) Tăiați prajitura răcită în jumătate pe orizontală. Întindeți uniform umplutura cu cremă de brânză pe o jumătate și puneți cealaltă jumătate deasupra pentru a forma un sandviș. Congelați tortul aproximativ 20 de minute pentru a se întări.
l) Odată ce este ferm, tăiați marginile dacă este necesar și tăiați tortul în pătrate de 1,5 inchi.
m) Ungeți ganache cald pe fiecare pătrat de tort, apoi acoperiți-le cu amestecul de semințe de dovleac și nucă de cocos.
n) Păstrați prăjiturile asamblate la frigider până la 2 zile sau congelați până la o săptămână. Bucurați-vă de Lamingtons cu dovleac!

18. De Capsuni Spanac Cu Dressing Margarita

INGREDIENTE:
PENTRU TRASAMENT:
- 3 linguri de suc de lime
- 1- ½ linguri nectar de agave
- ½-1 lingură Tequila
- ¼ cană ulei de măsline extravirgin
- Un praf de sare de mare

PENTRU SALATA:
- 4-6 grămadă Baby Spanac
- 1 cană de căpșuni tăiate cubulețe
- 1 cană cubulete de mango
- 1 avocado, tăiat cubulețe
- ¼ ceapă roșie, tăiată
- 3-4 linguri de semințe de dovleac prăjite

INSTRUCȚIUNI:
PENTRU TRASAMENT:
a) Într-un borcan de zidărie adăugați ingredientele pentru dressing. Închideți bine capacul și agitați-l bine. Gustați și ajustați condimentele după gust. Adăugați mai mult suc de lămâie sau agave dacă este necesar.

PENTRU SALATA:
b) Într-un castron sau un platou de servire puneți puiul de spanac. Acoperiți spanacul cu căpșuni tăiate cubulețe, mango, avocado, ceapă roșie și semințele de dovleac.
c) Serviți imediat cu dressing.

SEMINTE DE FLOAREA SOARELUI

19. Mix de gustări pentru picnic de vară

INGREDIENTE:
- 6 cani popcorn popcorn
- 1 cană cireșe uscate
- 1 cană de covrigei acoperiți cu ciocolată albă
- 1 cană semințe de floarea soarelui
- ½ cană bucăți de biscuiți Graham

INSTRUCȚIUNI:
a) Într-un castron mare, amestecați toate ingredientele până se combină bine.
b) Serviți imediat sau păstrați într-un recipient ermetic.

20. Mix pentru grătar

INGREDIENTE:
- ½ cană boabe de porumb
- 1 cană Cheerios
- 1 cană de grâu mărunțit cât o lingură
- 1 cană Corn Chex sau tărâțe de porumb
- 1 cană Covrigei
- ½ cană alune uscate la grătar
- ½ cană semințe de floarea soarelui
- 1 lingura de unt sau margarina
- 1 lingurita chili macinat
- 1 lingurita Boia
- 1 lingurita oregano macinat
- 1 cană de batoane de susan
- 1 lingură sos Worcestershire
- 1 lingurita sos Tabasco

INSTRUCȚIUNI:
a) Preîncălziți grătarul la 350 de grade.
b) Într-un castron mare, combinați cerealele, covrigii, migdalele și semințele.
c) Într-un vas mic, combinați untul, Worcestershire, pudra de chili, oregano, boia de ardei și Tabasco.
d) Se amestecă bine sosul în amestecul de cereale.
e) Se întinde pe o tigaie și se fierbe timp de 15 minute, amestecând de două ori. Lasa sa se raceasca.
f) Se amestecă cu boabele de porumb și bețișoarele de susan și se servesc.

21.Mix de fructe uscate și nuci

INGREDIENTE:
- ½ cană de fulgi de cocos neîndulcit
- ½ cană caju prăjite fără sare
- ½ cană de migdale albite tăiate
- ½ cană chipsuri de ciocolată vegană semidulce
- ½ cană de afine uscate îndulcite
- 1/3 ceasca de ananas uscat tocat
- 1/4 cană semințe de floarea soarelui prăjite fără sare

INSTRUCȚIUNI:

a) Într-o tigaie mică, prăjiți nuca de cocos la foc mediu, amestecând, până se rumenește ușor, 2 până la 3 minute. Se da deoparte la racit.

b) Într-un castron mare, combinați caju, migdalele, chipsurile de ciocolată, merisoarele, ananasul și semințele de floarea soarelui. Se amestecă nuca de cocos prăjită.

c) Se răcește complet înainte de servire. Acesta este cel mai bun atunci când este servit în aceeași zi în care este făcut.

22. Covrigi cu semințe de floarea soarelui din grâu integral

INGREDIENTE:
- 3 căni de făină integrală
- 1 lingura drojdie uscata activa
- 2 linguri miere
- 1 lingurita sare
- 1 ¼ cană apă caldă
- ½ cană semințe de floarea soarelui

INSTRUCȚIUNI:

a) Într-un castron mare, combinați făina, drojdia, mierea, sarea și semințele de floarea soarelui.
b) Adăugați încet apa călduță la ingredientele uscate și amestecați până se formează un aluat.
c) Framantam aluatul timp de 10 minute pana devine neted si elastic.
d) Împărțiți aluatul în 8 bucăți egale și modelați fiecare bucată într-o bilă.
e) Acoperiți biluțele de aluat cu o cârpă umedă și lăsați-le să se odihnească timp de 10 minute.
f) Preîncălziți cuptorul la 425°F (218°C).
g) Aduceți o oală cu apă la fiert și reduceți focul la fiert.
h) Folosește degetul pentru a face o gaură în centrul fiecărei bile de aluat și întinde aluatul pentru a forma o formă de covrigi.
i) Fierbeți covrigii 1-2 minute pe fiecare parte.
j) Puneti covrigile pe o tava tapetata cu hartie de copt si coaceti 20-25 de minute sau pana se rumenesc.

23. Sfecla Cu Gremolata De Portocale

INGREDIENTE:
- 3 sfeclă aurie , tăiate
- 2 linguri suc de lamaie
- 1 lingurita coaja de portocala
- 2 linguri de seminte de floarea soarelui
- 1 lingura patrunjel tocat
- 3 linguri branza de capra
- 1 lingura tocata s varsta
- 2 linguri suc de portocale
- 1 cățel de usturoi, tocat

INSTRUCȚIUNI:
a) Preîncălziți friteuza cu aer la 400 . Îndoiți folie rezistentă în jurul sfeclei și așezați-le pe o tavă în coșul pentru friteuza cu aer.
b) Gatiti pana se inmoaie, 50 minute . Curățați , tăiați în jumătate și feliați sfecla ; pune intr-un bol.
c) Adăugați suc de lămâie, suc de portocale și sare .
d) Se presară cu pătrunjel, salvie, usturoi și coajă de portocală și se toarnă cu brânză de capră și sâmburi de floarea soarelui.

24.Salata de Broccoli Microgreens Cu Avocado

INGREDIENTE:
- 1 cană de microgreens de broccoli
- 1 lingura de seminte de floarea soarelui sarate
- ¼ de avocado, tăiat în bucăți
- 2 linguri vinaigretă de casă
- 2 linguri Hummus cu lamaie
- ½ cană de kimkraut

INSTRUCȚIUNI:
a) Aruncați microverde cu kimkraut, felii de avocado și semințe de floarea soarelui pe un platou mare.
b) Se amestecă cu hummus și dressing, apoi se condimentează cu piper proaspăt spart.

25.Batoane cu caju Ashwagandha

INGREDIENTE:
CRUSTĂ
- ¾ cană nucă de cocos mărunțită
- 1 ¾ cană de semințe de floarea soarelui activate, înmuiate
- ⅓ cană curmale Medjool fără sâmburi
- 1 lingurita scortisoara de Ceylon
- ½ linguriță sare de mare
- 2 linguri ulei de cocos presat la rece

UMPLERE
- 2 cani de caju crude, la inmuiat peste noapte
- 1 cană nucă de cocos mărunțită
- 1 cană chefir de cocos
- ⅓ cană sirop de arțar, după gust
- ¼ lingurita boabe de vanilie
- 2 linguri suc proaspăt de lămâie
- 1 lingurita coaja de lamaie
- 2 linguri de pudră de Ashwagandha
- ½ linguriță sare de mare
- ½ linguriță pudră de turmeric
- ¼ lingurita piper negru
- ¼ cană ulei de cocos

INSTRUCȚIUNI:
CRUSTĂ
a) Într-o cratiță se topește tot uleiul de cocos.
b) Combinați nuca de cocos mărunțită, semințele de floarea soarelui, curmalele Medjool, scorțișoara și sarea de mare într-un robot de bucătărie. Pulsați amestecul până când se formează un crumble fin.
c) Stropiți încet cu 2 linguri de ulei de cocos încălzit. Pulsați din nou ingredientele.
d) Se toarnă amestecul de crustă într-o tavă tapetată pentru brownie și se presează ferm și uniform pentru a forma crusta.
e) Pune-l la congelator.

UMPLERE
f) Într-un robot de bucătărie, combinați caju, nuca de cocos rasă, chefirul, siropul de arțar, boabele de vanilie, sucul de lămâie, coaja de lămâie, pudra de Ashwagandha, sare de mare, turmeric și piper negru până se formează un sfărâmă fin.
g) Se amestecă încet uleiul/untul de cocos topit.
h) Razuiti umplutura de lapte auriu peste crusta cu o spatula si intindeti-o uniform.
i) Pune forma la frigider peste noapte pentru a se intari.
j) Scoateți vasul din frigider/congelator când este gata de servire.
k) Așezați blocul pe o placă mare de tăiat și dezghețați-l timp de 10 până la 15 minute, dacă este necesar.
l) Tăiați-o în 16 pătrate uniform.
m) Serviți imediat cu fulgi de cocos deasupra!

26. Tarte cu Cheesecake Amaretto

INGREDIENTE:
- ⅓ cană semințe de floarea soarelui, măcinate fin
- 8 uncii de brânză cremă
- 1 ou
- ⅓ cană nucă de cocos mărunțită neîndulcit
- 2 linguri Miere
- 2 linguri lichior Amaretto

INSTRUCȚIUNI:
a) Tapetați cupele a două forme de brioșe cu folii de hârtie.
b) Combinați semințele de floarea soarelui și nuca de cocos.
c) Pune 1 lingurita din acest amestec in fiecare liner.
d) Apăsați cu dosul unei linguri pentru a acoperi fundul.
e) Preîncălziți cuptorul la 325F.
f) Pentru a face umplutura, taiati crema de branza in 8 blocuri si amestecati cu ou, miere si Amaretto intr-un robot de bucatarie, blender sau castron pana devine omogen si cremos.
g) Pune o lingură din umplutură în fiecare ceașcă de tartă și coace timp de 15 minute

SEMINTE DE SUSAN

27.Salata de alge Peking

INGREDIENTE:
- 200 de grame de alge marine, la macerat timp de 24 de ore
- ¼ Castraveți tăiați în jumătate, sămânțați și tăiați în felii
- 8 ridichi roșii, feliate
- 75 grame ridichi, feliată subțire
- 1 dovlecel mic, feliat subțire
- 50 grame muguri de mazăre
- 20 de grame de ghimbir roz
- Selecție de salate
- Seminte de susan negru
- 3 linguri suc de lime
- 1 lingura de menta, proaspat tocata
- 2 linguri Coriandru, tocat
- 1 ciupiți fulgi de chili uscați
- 2 linguri Sos de soia usor
- 2 linguri de zahăr
- 6 linguri ulei vegetal
- 1 ghimbir rădăcină mică, rasă

INSTRUCȚIUNI:

a) Se amestecă toate ingredientele pentru dressing și se lasă timp de 20 de minute, apoi se strecoară și se pune deoparte.

b) Puneți algele marine înmuiate cu restul celorlalte ingrediente într-un bol.

c) Se toarnă peste dressingul strecurat și se lasă la marinat timp de o oră. Adăugați frunzele de salată în salată, ajustați condimentele și serviți.

28. Sandwich cu mere cu fructe de padure Goji

INGREDIENTE:
TAHINI:
- ½ cană de semințe de susan
- 1-2 linguri de ulei la alegere
- 1 lingura nuca de cocos deshidratata
- 1 lingura ulei de cocos

TOPING:
- 2 linguri fructe de padure goji

INSTRUCȚIUNI:
a) Înmoaie uleiul de cocos.
b) Amestecați semințele de susan în blender până când sunt măcinate fin, adăugați 1 până la 2 linguri de ulei și amestecați din nou până obțineți o pastă netedă.
c) Amestecați pasta de susan cu fulgi de cocos și ulei de cocos.
d) Tăiați merele felii și întindeți-le cu tahini. Acoperiți cu fructe de padure goji.

29.Briose Matcha Mochi

INGREDIENTE:
- 1 baton (½ cană) unt nesărat
- 1 ½ cani de lapte de cocos plin de grasime (din cutie)
- 1 cutie (1 ¼ cană) lapte condensat îndulcit
- 3 oua (temperatura camerei)
- 2 linguri praf de ceai verde matcha
- 1 kilogram mochiko (făină de orez glutinos sau făină de orez dulce)
- 1 lingura praf de copt
- ½ cană lapte (temperatura camerei)
- Putina sare
- 2 linguri de seminte de susan negru

INSTRUCȚIUNI:
a) Topiți untul și combinați-l cu laptele de cocos și laptele condensat în bolul unui mixer cu stand.
b) Adăugați câte un ou în timp ce amestecați la viteză medie.
c) Adăugați praful de copt, făina mochiko și matcha. Continuați să amestecați.
d) Adăugați laptele și amestecați până când aluatul devine omogen, asemănător cu aluatul de clătite - nici prea curgător, nici prea gros.
e) Lăsați aluatul să se odihnească timp de 20 de minute.
f) Preîncălziți cuptorul la 350°F (180°C). Unge și făină bine forma pentru brioșe (sau folosește ramekine individuale pentru cuptor) și umple cu aluat. Evitați să folosiți pahare de hârtie pentru brioșe pentru a permite să se dezvolte crusta exterioară crocantă; se pot lipi de brioșe.
g) Se presara aluatul cu seminte de susan.
h) Coaceți timp de 45 de minute până la 1 oră până devin aurii.
i) Savurați brioșele Matcha Mochi calde sau lăsați-le să se răcească înainte de a le servi!

30. Susan și Macadamia Mooncakes cu piele de zăpadă

INGREDIENTE:
PIELE DE ZAPADA:
- 40 g (⅓ cană) făină de orez glutinos
- 40 g (⅓ cană) făină de orez
- 20 g (1 ½ linguriță) amidon de porumb
- 50 g (½ cană) zahăr pudră
- 130 g (½ cană + 2 linguri) lapte
- 20 g (1 lingura) lapte condensat indulcit
- 30 g (2 linguri) unt nesarat, topit
- Vârf de cuțit de sare
- Colorant alimentar natural pentru pielea de zăpadă: pudră de spirulina albastră, suc proaspăt de sfeclă, pudră de matcha

FĂINĂ DE OREZ GLUTINOS GĂTIT:
- 40 g (⅓ cană) făină de orez glutinos

UMPLERE:
- 160 g (1 ⅓ cană) semințe de susan albe prăjite
- 25 g (2 linguri) zahăr granulat alb
- 15 g (1 lingura) unt nesarat
- 40 g (2 linguri) miere
- Vârf de cuțit de sare
- 20 g (2 linguri) făină de orez glutinos fiartă
- 80 g (½ cană) nuci de macadamia prăjite mărunțite

INSTRUCȚIUNI:
PIELE DE ZAPADA:
a) Umpleți o oală cu abur cu apă și aduceți-o la fiert la foc mare.
b) Într-un castron, amestecați făina de orez glutinos, făina de orez, amidonul de porumb, zahărul pudră, sare, laptele, untul nesărat topit și laptele condensat îndulcit până la omogenizare.
c) Treceți aluatul printr-o sită și transferați-l într-un vas sigur pentru abur.
d) Se fierbe la abur aluatul de piele de zăpadă în oala pregătită, la foc mediu, timp de 20 de minute. Se da deoparte la racit.

FĂINĂ DE OREZ GLUTINOS GĂTIT:
e) Gătiți făina de orez lipicioasă la foc mediu până devine ușor galbenă. Se da deoparte la racit.

UMPLERE:
f) Se amestecă semințele de susan albe prăjite până se formează o pastă care curge.
g) Adăugați ingredientele de umplutură rămase (cu excepția nucilor de macadamia) și amestecați până se combină.
h) Transferați umplutura într-un castron, adăugați nucile de macadamia tocate și porționați-o în bile de 25 g. Se da la frigider pentru cel putin 3 ore.
i) Frământați pielea de zăpadă răcită pe o bucată de folie de plastic până când este netedă și uniformă.
j) Porționați și colorați pielea de zăpadă cu colorant alimentar. Înfășurați-l strâns și lăsați-l la frigider pentru cel puțin 3 ore.

ASAMBLARE:
k) Pielea fermă de zăpadă este marmorată împreună în porții de 25 g pentru a forma o minge. Pudrați cu făină de orez glutinos fiartă.
l) Înfășurați umplutura într-o bucată turtită de piele de zăpadă, sigilați complet și modelați folosind făină de orez lipicioasă gătită.
m) Pudrați ușor mooncake-ul nepresat cu făină de orez glutinos fiartă, modelați-l cu palmele și apăsați ferm pe ștampila de mooncake. Eliberați pentru a dezvălui produsul finit.
n) Răciți câteva ore înainte de a consuma. Bucurați-vă!

SEMINȚE DE PEPENE GALBEN

31.Salată de pere, nuci

INGREDIENTE:
PENTRU SALATA:
- 3 cesti Salata Verde (rucola, salata verde, etc.)
- 2 pere, feliate
- 1 ceapa rosie mica, feliata
- 1 cană nucă, tocată grosier
- ½ cană semințe de pepene galben

PENTRU DRESSINGUL DE SALATE:
- 1 lingură de muștar integral
- 3 linguri ulei de măsline
- 2 linguri de otet
- 2 linguri Miere
- ½ lingurita Piper Cayenne
- Sarat la gust

INSTRUCȚIUNI:
PREGĂTIȚI ASSEMUL DE SALATE:
a) Într-un blender, combinați muștarul integral, uleiul de măsline, oțetul, mierea, piperul cayenne și sarea.
b) Mixați aproximativ un minut până când dressingul se emulsionează și devine cremos.

ASSAMBLAȚI SALATA:
c) Într-un castron mare, amestecați salata verde (cum ar fi rucola sau salata verde), perele tăiate felii, ceapa roșie feliată, nucile mărunțite și semințele de pepene galben.
d) Adăugați 3-4 linguri de dressing pentru salată pregătit la ingredientele pentru salată.
e) Se amestecă bine până când totul este acoperit uniform cu dressing.
f) Serviți imediat salata de pere, nuci, cât timp este proaspătă și crocantă.

32.Prajituri de luna cu cafea cu ciocolata neagra

INGREDIENTE:
- 113 g făină universală
- 18 g pudră de cacao neagră
- 85 g sirop auriu
- 25 g ulei de porumb
- ½ linguriță apă alcalină

UMPLERE:
- Pastă de lotus de cafea
- Seminte de pepene galben prajite (12 x 25 g fiecare)

INSTRUCȚIUNI:

PREPARA ALUATUL:
a) Amestecă toate ingredientele pentru a forma un aluat.
b) Se odihnește aluatul timp de 30 de minute și se împarte în 12 porții.

ASAMBLARE:
c) Aplatizați fiecare porție de aluat.
d) Înfășurați fiecare porție în jurul unei umpluturi de pastă de lotus de cafea și semințe de pepene galben prăjite (25 g fiecare).
e) Presați aluatul umplut în forme pentru mooncake și desfaceți-l pe o tavă tapetată.

COACERE:
f) Coacem in cuptorul preincalzit la 160°C timp de 10 minute.
g) Scoateți din cuptor și răciți timp de 10 minute.
h) Pune din nou la cuptor și coace încă 10-15 minute.
i) Odată copt, lăsați mooncakes să se răcească complet înainte de servire.

33.Blue Lotus Mooncakes

INGREDIENTE:
LOTUS MOONCAKE:
- 100 g faina de orez lipicioasa
- 100 g zahăr pudră
- 2 linguri de scurtare
- 150 ml lichid de lotus albastru sau pandan
- Făină suplimentară pentru rulare și pentru forma pentru mooncake

PASTA DE SEMINTE DE LOTUS:
- 600g semințe de lotus cu piele, spălate
- 1 lingură apă alcalină
- 390 g zahăr
- 300 g ulei de arahide
- 50 g maltoză
- 60 g semințe de pepene galben, prăjite până se rumenesc
- Apă (suficientă pentru a acoperi semințele de lotus în oală)
- 60 g semințe de pepene galben

INSTRUCȚIUNI:
PENTRU PASTA DE SEMINTE DE LOTUS:
a) Aduceți apa la fiert, adăugați apă alcalină și semințe de lotus. Se fierbe 10 minute. Aruncați apa clocotită.
b) Îndepărtați pielea semințelor de lotus frecându-le sub jet de apă. Îndepărtați vârfurile și tulpinile.
c) Adăugați suficientă apă pentru a acoperi semințele de lotus și fierbeți până se înmoaie. Se face piure semințele de lotus în loturi.
d) Glazurați un wok cu ulei de arahide la foc mic și adăugați ¼ de cană de zahăr. Se prăjește până când zahărul se dizolvă și devine auriu.
e) Adăugați piureul de semințe de lotus și zahărul rămas. Se amestecă până se usucă aproape. Se adauga uleiul treptat, amestecand pana se ingroasa pasta.
f) Adăugați maltoză și amestecați până când pasta părăsește părțile laterale ale wok-ului. Se răcește, apoi se adaugă semințele de pepene galben prăjite.

PENTRU MOONCAKES:

g) Se toarnă făină de orez într-un recipient mare de metal, se face un godeu și se adaugă zahăr pudră și shortening. Frecați până se combină.
h) Adăugați lichid de lotus albastru (sau pandan). Se amestecă ușor până se combină; nu suprasolicita.
i) Luați o minge de pastă de semințe de lotus, împingeți o gaură în centru și introduceți rapid un ou sărat. Acoperiți cu pastă de semințe de lotus.
j) Întindeți aluatul de mooncake într-un buștean și tăiați-l în bucăți egale. Întindeți fiecare bucată.
k) Puneți bila de pastă de semințe de lotus în centru și rotiți pasta de lotus într-o direcție și aluatul în cealaltă până când este acoperit.
l) Făină ușor forma pentru mooncake și mingea pentru mooncake, apoi apasă în formă.
m) Bateți ușor forma pe o suprafață tare până când iese mooncake.

34.Mooncake cu cafea albă

INGREDIENTE:
PENTRU PIELE:
- 200 g făină cu conținut scăzut de proteine
- 25 g (1 pachet) de amestec de cafea albă Super 3-în-1
- 160g Golden Syrop (70g Golden Syrop + 90g Sirop de porumb)
- 42 g ulei de canola
- 4 ml apă alcalină

PENTRU Umplutură / PASTA:
- 1 kg Pastă de lotus de fasole mung (cumpărată din magazin)
- 3 linguri Seminte de pepene galben
- Gălbenușuri de ou sărate (opțional)
- Spălare cu ouă (pentru acoperire)

INSTRUCȚIUNI:
PREPARA ALUATUL:
a) Combinați toate ingredientele (A) și amestecați pentru a forma un aluat omogen.
b) Se acopera cu folie alimentara si se da la frigider pentru 2 zile.

PREGĂTIȚI Umplutura / PASTA:
c) Amestecați semințele de pepene galben cu pasta de lotus (B) până la omogenizare.
d) Împărțiți umplutura în porții de 75-80g și modelați-le în bile rotunde. Pus deoparte.
e) Dacă folosiți gălbenușuri de ou sărate, puneți unul în centrul fiecărei porții de pastă de lotus.

ASAMBLARE:
f) Pudrați masa de lucru cu făină.
g) Împărțiți aluatul răcit în porții de 35 g și modelați-le în bile rotunde.
h) Aplatizați fiecare bila de aluat și puneți o porțiune din umplutură în centru.
i) Înfășurați aluatul peste umplutură și modelați-l într-o bilă rotundă.
j) Pudrați cu făină forma pătrată pentru mooncake de 6cmx6cmx3.5cmH și ungeți aluatul înfășurat cu făină.
k) Apăsați ferm bila în formă și bateți/apăsați-o ușor pe o tavă tapetată cu un covor de copt antiaderent sau hârtie de copt.

COACERE:
l) Pulverizați ușor stropi de apă pe mooncakes înainte de coacere.
m) Coacem in cuptorul preincalzit la 175°C timp de 10 minute.
n) Scoateți tava de copt din cuptor și lăsați mooncakes să se răcească timp de 10-15 minute.
o) Aplicați spălare cu ou pe partea de sus a fiecărui mooncake.
p) Transferați mooncakes înapoi în cuptor și coaceți încă 13-15 minute până când se rumenesc.
q) Păstrați mooncakes într-un recipient ermetic pentru minim 2 zile pentru a permite (înmuiere) înainte de servire.

35.Kahlua Snow Skin Mooncake

INGREDIENTE:
PENTRU ALUAT DE PIELE DE ZAPADA:
- 65 g faina lipicioasa fiarta
- 17,5 g amidon de grâu (Se amestecă cu făină superfină și se fierbe la abur timp de 3 minute. Se lasă să se răcească și se cerne)
- 17,5 g făină superfină
- 60 g zahăr pudră
- 25 g scurtare
- 65 g apă fierbinte (dizolvați granulele de cafea)
- 1,5 lingurita granule de cafea (lasati sa se raceasca)
- 2 lingurite de lichior Kahlua

UMPLERE:
- 250 g pastă de lotus (cumpărată din magazin)
- Pentru o matriță de 50g, aluatul este de 25g
- 10g semințe de pepene galben, ușor prăjite, iar umplutura este tot 25g

INSTRUCȚIUNI:
PENTRU ALUATUL DE PIELE DE ZĂPADA:
a) Se amestecă făina lipicioasă gătită, amidonul de grâu și făina superfină.
b) Se fierbe amestecul timp de 3 minute.
c) Se lasa sa se raceasca si se cerne pentru a asigura o textura fina.
d) Dizolvați granulele de cafea în apă fierbinte și lăsați-le să se răcească.

FACE ALUATUL:
e) Într-un castron, combinați amestecul aburit, zahărul pudră, shorteningul, amestecul de cafea răcit și lichiorul Kahlua.
f) Se amestecă bine până se formează un aluat moale și flexibil.
g) Împărțiți aluatul în porții de 25 g.

PENTRU Umplutura:
h) Luați 250 g de pastă de lotus cumpărată din magazin.
i) Împărțiți pasta de lotus în porții de 25 g pentru o matriță de 50 g.

ASSAMBLAȚI MOONCAKES:
j) Aplatizați o porțiune din aluat.
k) Pune o porție de pastă de lotus (25 g) în centru.

l) Adăugați 10 g de semințe de pepene galben ușor prăjite deasupra pastei de lotus.
m) Înveliți umplutura cu aluatul de piele de zăpadă, asigurându-vă că este sigilată corespunzător.
n) Rulați aluatul asamblat într-o bilă.
o) Repetați procesul pentru aluatul rămas și umplutura.
p) Puneți mooncakes asamblate la frigider să se răcească timp de cel puțin 2 ore sau până când pielea de zăpadă se întărește.
q) Odată răcite, Mooncakes Kahlua Snow Skin sunt gata pentru a fi servite.

SEMINȚE CHIA

36.Biscuiti cu Spirulina

INGREDIENTE:
- 1 lingură de semințe de chia
- 100 g unt vegan
- 50 g zahăr alb
- 50 g zahăr brun
- 1 lingurita Extract de vanilie
- 100 g faina fara gluten
- 10 g faina de porumb
- ½ linguriță de bicarbonat de sodiu
- 1,5 linguri pulbere de spirulina
- ¼ linguriță Sare
- 50 g ciocolată albă sau nuci de macadamia

INSTRUCȚIUNI:
a) Preîncălziți cuptorul la 200 ° C / 350 ° F / 160 ° C ventilator.
b) Faceți un ou de chia adăugând două linguri și jumătate de apă fierbinte în semințele dvs. de chia, amestecați bine și lăsați deoparte.
c) Topiți untul într-o cratiță sau cuptorul cu microunde. Adăugați zahărul și bateți până se omogenizează.
d) Adăugați oul de chia și vanilia la unt și zahăr și amestecați bine.
e) Într-un castron mare, cerneți făina, amidonul de porumb, bicarbonatul de sodiu, spirulina și sarea și amestecați până se omogenizează.
f) Se toarnă amestecul umed și se amestecă bine.
g) Îndoiți bucățile de ciocolată.
h) Formați 8 bile și așezați-le pe o foaie de biscuiți tapetată cu hârtie de copt. Lăsați aproximativ 4 cm între fiecare minge.
i) Coaceți timp de 10 până la 12 minute până când marginile încep să crească.

37.Butterfly Pea Ovăz peste noapte

INGREDIENTE:
OVĂZ PENTRU NOAPTE
- ¼ cană de ovăz
- 1 cană de lapte la alegere
- 1 lingură de semințe de chia
- 1 pudră proteică la alegere
- 3 linguri lichid de mazăre fluture

CEAI DE FLORE DE MĂZARE DE FLUTURE
- 1 lingură flori uscate de mazăre fluture
- 6 căni de apă fierbinte

INSTRUCȚIUNI:
a) Mai întâi, preparați ceaiul de mazăre fluture.
b) Găsiți pur și simplu un ulcior mare, adăugați-i florile uscate de mazăre fluture și adăugați apă fierbinte.
c) Lăsați ceaiul la infuzat cel puțin o oră înainte de a-l folosi. Simțiți-vă liber să adăugați îndulcitor dacă doriți.
d) Luați un borcan de zidar.
e) Adăugați toate ingredientele în borcan, cu excepția ceaiului de mazăre fluture și amestecați bine.
f) Lăsați să se așeze un minut sau două și pur și simplu stropiți ceaiul în borcan. Se va așeza în partea de jos, oferind un efect stratificat.
g) Pune borcanul la frigider peste noapte.
h) Adăugați toppingurile dorite și bucurați-vă!

38. Smoothie Bowl cu Matcha și Mazăre Fluture

INGREDIENTE:
- 1 cană spanac
- 1 banana congelata
- ½ cană de ananas
- ½ linguriță pudră matcha de înaltă calitate
- ½ linguriță extract de vanilie
- ⅓ cană lapte de migdale neîndulcit

TOPING
- Mentă
- Kiwi
- Afine
- semințe chia
- Flori uscate de mazăre Fluture

INSTRUCȚIUNI:
a) Pune toate ingredientele pentru smoothie într-un blender.
b) Pulsați până când este omogen și cremos.
c) Turnați smoothie-ul într-un bol.
d) Stropiți cu toppinguri și mâncați imediat.

39. Mazare fluture G laze d Donuts

INGREDIENTE:
GOGOAȘĂ :
- 1 piure de banană
- 1 cană sos de mere neîndulcit
- 1 ou sau 1 lingura de seminte de chia amestecate cu apa
- 50 g ulei de cocos topit
- 4 linguri miere sau sirop de nectar de agave
- 1 lingura de vanilie
- 1 lingurita scortisoara
- 150 g faina de hrisca
- 1 lingurita praf de copt

GLAZĂ DE MĂZARE DE FLUTURE:
- 1/2 cană caju, înmuiate timp de 4 ore
- 1 cană lapte de migdale
- 40 de flori de ceai de mazăre fluture
- 1 lingura sirop de nectar de agave
- 1 lingura esenta de vanilie

INSTRUCȚIUNI:
Pentru a face gogoșile:
a) Se amestecă toate ingredientele uscate.
b) Se amestecă toate ingredientele umede.
c) Adăugați umed la uscat și apoi transferați în formele pentru gogoși.
d) Se coace la 160 de grade timp de 15 minute.

PENTRU A FACE GLAZUL:
e) Mixați caju-urile într-un robot de bucătărie până la omogenizare.
f) Într-o cratiță se încălzește laptele de migdale și se adaugă ceaiul. Se fierbe la foc mic timp de 10 minute.
g) Adăugați laptele de migdale albastre la caju amestecate, adăugați nectarul de agave și esența de vanilie și amestecați din nou până se omogenizează.
h) Păstrați la frigider până când gogoșile s-au fiert și s-au răcit.
i) Decorați gogoșile cu glazură și flori suplimentare!
j) Aceste gogoși sunt vegane și fără gluten și zahăr rafinat – așa că într-adevăr nu este nevoie să vă abțineți: mergeți mai departe și mâncați-le pe toate!

40. Biscotti cu afine și semințe de chia

INGREDIENTE:
- 2 căni de făină universală
- 1 lingurita praf de copt
- ½ lingurita sare
- ½ cană unt nesărat, înmuiat
- 1 cană zahăr granulat
- 2 ouă mari
- 1 lingura extract de vanilie
- ¼ cană semințe de chia
- ¼ cană de afine uscate
- ¼ cană migdale mărunțite

INSTRUCȚIUNI:
a) Preîncălziți cuptorul la 350°F (175°C). Tapetați o tavă mare de copt cu hârtie de copt.
b) Într-un castron mediu, amestecați făina, praful de copt și sarea până se omogenizează bine.
c) Într-un castron mare separat, folosiți un mixer electric pentru a crea untul și zahărul până când devin ușor și pufos, aproximativ 2-3 minute.
d) Bateți ouăle, pe rând, urmate de extractul de vanilie.
e) Amestecați treptat ingredientele uscate, folosind o spatulă, până când aluatul se îmbină.
f) Încorporați semințele de chia, merisoarele uscate și migdalele mărunțite până când se distribuie uniform în aluat.
g) Împărțiți aluatul în două părți egale și modelați fiecare într-un buștean de aproximativ 12 inci lungime și 2 inci lățime.
h) Așezați buștenii pe foaia de copt pregătită și coaceți timp de 25-30 de minute sau până când sunt fermi la atingere.
i) Scoateți bustenii din cuptor și lăsați-i să se răcească pe tava pentru copt timp de 5-10 minute.
j) Folosind un cuțit zimțat, tăiați buștenii în felii groase de ½ inch și puneți-le înapoi pe tava de copt, cu partea tăiată în jos.
k) Puneți biscottii la cuptor și coaceți încă 10-15 minute sau până când devin crocante și uscate.
l) Lăsați biscottii să se răcească complet pe un grătar înainte de servire.

41. Budincă de chia cu flori de soc

INGREDIENTE:
- ¼ cană semințe de chia
- 1 cană lapte (lactate sau pe bază de plante)
- 2 linguri de sirop de flori de soc sau concentrat de ceai de flori de soc
- 1 lingură miere sau îndulcitor la alegere
- Fructe proaspete, nuci sau granola pentru topping

INSTRUCȚIUNI:
a) Într-un borcan sau recipient, combinați semințele de chia, laptele, siropul de floare de soc sau concentratul de ceai și mierea.
b) Amestecați bine pentru a se combina și asigurați-vă că semințele de chia sunt distribuite uniform.
c) Acoperiți borcanul și dați la frigider pentru cel puțin 2 ore sau peste noapte, până când amestecul se îngroașă și devine ca o budincă.
d) Amestecați amestecul o dată sau de două ori în timpul perioadei de răcire pentru a preveni aglomerarea.
e) Serviți budinca de chia Elderflower rece și acoperită cu fructe proaspete, nuci sau granola pentru un plus de textură și aromă.

42. Smoothie Bowl cu flori de soc

INGREDIENTE:
- 1 banana congelata
- ½ cană fructe de pădure congelate (cum ar fi căpșuni, zmeură sau afine)
- ¼ cană ceai de flori de soc (puternic preparat și răcit)
- ¼ cană iaurt grecesc sau iaurt pe bază de plante
- 1 lingura de seminte de chia
- Toppinguri: fructe feliate, granola, fulgi de cocos, nuci etc.

INSTRUCȚIUNI:
a) Într-un blender, combinați banana congelată, fructele de pădure congelate, ceaiul de flori de soc, iaurtul grecesc și semințele de chia.
b) Se amestecă până când este omogen și cremos. Dacă este necesar, adăugați un strop de ceai suplimentar de Elderflower sau apă pentru a obține consistența dorită.
c) Turnați smoothie-ul într-un bol.
d) Acoperiți cu fructe tăiate, granola, fulgi de cocos, nuci sau orice alte toppinguri pe care le preferați.
e) Bucurați-vă de bolul de smoothie revigorant și vibrant cu flori de soc ca un mic dejun nutritiv.

43. Dulceata de Chia de flori de soc

INGREDIENTE:
- 2 căni de fructe de pădure proaspete sau congelate (cum ar fi căpșuni, zmeură sau afine)
- ¼ cană sirop de floare de soc
- 2 linguri de seminte de chia
- 1 lingură miere sau îndulcitor la alegere (opțional)

INSTRUCȚIUNI:
a) Într-o cratiță, combinați fructele de pădure și siropul de floare de soc sau concentratul de ceai.
b) Aduceți amestecul la fiert ușor la foc mediu, amestecând ocazional și piureând fructele de pădure cu o lingură sau o furculiță.
c) Gătiți fructele de pădure timp de aproximativ 5-10 minute, sau până când acestea s-au rupt și și-au eliberat sucul.
d) Amestecați semințele de chia și mierea sau îndulcitorul (dacă se folosește) și continuați să gătiți încă 5 minute, amestecând des, până când dulceața se îngroașă.
e) Scoateți cratita de pe foc și lăsați dulceața să se răcească câteva minute.
f) Transferați dulceața de chia Elderflower într-un borcan sau recipient și puneți-o la frigider până când ajunge la o consistență tartinabilă.
g) Întindeți dulceața de chia Elderflower pe pâine prăjită sau covrigi sau folosiți-o ca topping pentru clătite sau fulgi de ovăz pentru o notă de fructe și florale pentru micul dejun.

44.Mușcături de energie de hibiscus

INGREDIENTE:
- 1 cană curmale, fără sâmburi
- ½ cană migdale
- ¼ cană concentrat de ceai de hibiscus
- 2 linguri de seminte de chia
- 2 linguri nucă de cocos măruntită
- Opțional: pudră de cacao sau nuci zdrobite pentru acoperire

INSTRUCȚIUNI:
a) Într-un robot de bucătărie, amestecați curmalele și migdalele până formează un amestec lipicios.
b) Adăugați concentratul de ceai de hibiscus, semințele de chia și nuca de cocos măruntită în robotul de bucătărie. Amesteca din nou pana se omogenizeaza bine.
c) Luați porții mici din amestec și rulați-le în bile de dimensiuni mici.
d) Opțional: rulați muşcăturile energetice în pudră de cacao sau nuci zdrobite pentru acoperire.
e) Puneți muşcăturile energetice într-un recipient ermetic şi lăsați la frigider pentru cel puțin 30 de minute pentru a se întări.

45. Budinci de Chia Borcan Mason

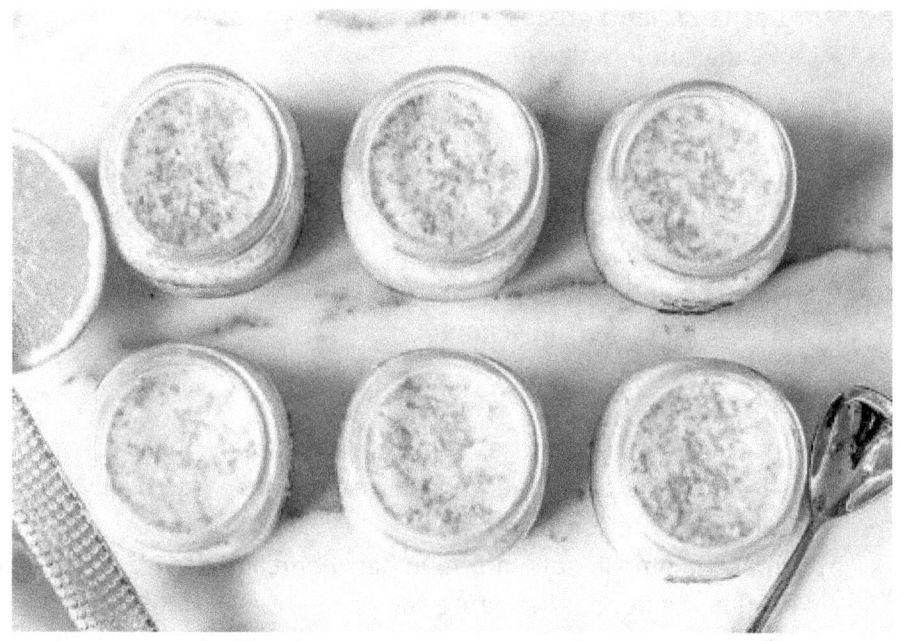

INGREDIENTE:
- 1 ¼ cană lapte 2%.
- 1 cană 2% iaurt grecesc simplu
- ½ cană semințe de chia
- 2 linguri miere
- 2 linguri de zahar
- 1 lingura coaja de portocala
- 2 lingurite extract de vanilie
- ¾ cană portocale segmentate
- ¾ cană mandarine segmentate
- ½ cană de grapefruit segmentat

INSTRUCȚIUNI:

a) Într-un castron mare, amestecați laptele, iaurtul grecesc, semințele de chia, mierea, zahărul, coaja de portocală, vanilia și sarea până se combină bine.

b) Împărțiți amestecul uniform în patru borcane de zidărie (16 uncii). Dați la frigider peste noapte sau până la 5 zile.

c) Serviți rece, acoperit cu portocale, mandarine și grapefruit.

46.Ovăz matcha peste noapte

INGREDIENTE:
- ½ cană de ovăz de modă veche
- ½ cană de lapte sau alternativă de lapte la alegere
- ¼ cană iaurt grecesc
- 1 lingurita pudra matcha
- 2 lingurițe de semințe de chia
- 1 lingurita miere
- strop de extract de vanilie

INSTRUCȚIUNI:
a) Măsurați toate ingredientele într-un borcan sau bol și amestecați bine.
b) Dă la frigider și bucură-te în dimineața următoare!

47. Smoothie cu matcha cu avocado

INGREDIENTE:
- ½ avocado, curățat și tăiat cuburi
- ⅓ castraveți
- 2 căni de spanac
- 1 cană lapte de cocos
- 1 cană lapte de migdale
- 1 lingurita pudra matcha
- ½ suc de lamaie
- ½ lingură pudră proteică de vanilie
- ½ linguriță de semințe de chia

INSTRUCȚIUNI:
a) Amestecați pulpa de avocado cu castraveții și restul ingredientelor într-un blender până la omogenizare.
b) Servi.

48.Borcane cu Parfait Fistic

INGREDIENTE:
BUDINDA DE PERE CHIA:
- ¼ cană piure de pere
- ⅓ cană de lapte de migdale neîndulcit sau de vanilie
- 3 linguri de seminte de chia
- Budincă de pere cu avocado:
- 1 avocado copt
- 1-2 lingurițe de miere sau nectar de cocos, în funcție de dulceața preferată
- 2 linguri piure de pere

STRATURILE ȘI GARNITURILE RĂMĂSE:
- ½ cană de granola preferată
- ½ cană iaurt simplu cu nucă de cocos sau iaurt grecesc cu vanilie
- ¼ cană peră proaspătă tocată
- 2 linguri fistic tocat
- 2 lingurițe de miere sau nectar de cocos

INSTRUCȚIUNI:
a) Începeți prin a pregăti budinca de pere chia adăugând toate ingredientele într-un bol, amestecând până se omogenizează bine, apoi lăsați la frigider 15-20 de minute pentru a se îngroașa.
b) Apoi, pregătiți budinca de pere cu avocado, adăugând toate ingredientele într-un robot de bucătărie mic sau într-un baby bullet și pulsați până când amestecul este omogen. Testați gustul și adăugați mai multă miere/nectar de cocos dacă preferați ca budinca de avocado să fie mai dulce.
c) Odată ce budinca de chia s-a îngroșat, mai amestecați-o și sunteți gata să stratificați toate ingredientele.
d) Folosind două borcane de 8 uncii, împărțiți granola, iaurtul, budinca de chia și budinca de avocado, așezându-le în orice aranjament preferat între cele două borcane.
e) Terminați prin a acoperi fiecare borcan cu 2 linguri de pere proaspătă tocată și 1 lingură de fistic tocat, apoi stropiți fiecare borcan cu 1 linguriță de miere sau nectar de nucă de cocos.

SEMINTE DE IN/IN

49. Chiftele vegane la cuptor

INGREDIENTE:
- 1 lingura de seminte de in macinate
- ¼ cană + 3 linguri bulion de legume
- 1 ceapa mare, curatata de coaja si taiata in sferturi
- 2 catei de usturoi, curatati de coaja
- 1½ plantă chiftele
- 1 cană pesmet
- ½ cană parmezan vegan
- 2 linguri patrunjel proaspat, tocat marunt
- Sare si piper, dupa gust
- Spray cu ulei de gătit

INSTRUCȚIUNI:
a) Adăugați ceapa și usturoiul într-un robot de bucătărie și amestecați până se face piure.
b) Într-un castron mare de amestecat se adaugă ou de in, ¼ de cană bulion de legume, ceapă și usturoi piure, carne de plante Impossible chiftele, pesmet, parmezan vegan, pătrunjel și un praf de sare și piper.
c) Se amestecă bine pentru a se combina.
d) Din amestecul de chiftele vegan în 32 de bile .
e) Puneți chiftele vegane pe tava tapetată și coaceți la cuptor pentru aproximativ 10 minute, sau până când devin aurii.

50. Rotunde de biscuiți din fibre

INGREDIENTE:

- 2 linguri de seminte de in
- 2 linguri germeni de grau
- ⅔ cană Carbquik
- ¼ cană făină de grâu cu conținut ridicat de gluten
- 2 linguri de unt, temperatura camerei
- Aproximativ 1 cană de apă

INSTRUCȚIUNI:

a) Măcinați semințele de in și germenii de grâu până la o consistență făinoasă folosind o râșniță de cafea sau un aparat similar.
b) Într-un castron, combinați Carbquik și făina de grâu cu conținut ridicat de gluten folosind o furculiță. Adăugați semințele de in măcinate și făina de germeni de grâu și amestecați bine.
c) Tăiați untul la temperatura camerei în ingredientele uscate, amestecând până seamănă cu firimituri grosiere.
d) Adăugați treptat ¾ de apă fierbinte de la robinet la amestec, amestecând bine pentru a forma un aluat. Continuați să adăugați puțină apă la nevoie până când aluatul ajunge la consistența unui aluat ușor de biscuiți.
e) Cu mainile unse, impartim aluatul in 10 bile de marime egala, aproximativ de marimea unei nuci.
f) Apăsați fiecare minge pe o foaie de copt unsă sau pe o piatră de copt neunsă pentru a forma rondele de 4 inci.
g) Coaceți într-un cuptor preîncălzit la 350 °F (175 °C) până când marginile abia încep să se rumenească.
h) Scoateți rondelele de biscuiți din cuptor și din tava de copt sau piatră imediat pentru a se răci.
i) Odată răcit, bucurați-vă de biscuiții cu fibre Carbquik de casă!

51.Cutie de prânz Biscuiți cu Chip de ciocolată

INGREDIENTE:
- ⅓ cană de sos de mere neîndulcit
- ⅓ cană unt de migdale
- ½ cană de îndulcitor uscat
- 1 lingura de seminte de in macinate
- 2 lingurite extract pur de vanilie
- 1⅓ cani de faina de ovaz
- ½ lingurita de bicarbonat de sodiu
- ½ lingurita sare
- ¼ cană făină de sorg sau făină de patiserie integrală
- ½ cană chipsuri de ciocolată îndulcite cu cereale

INSTRUCȚIUNI:
a) Preîncălziți cuptorul la 350°F. Tapetați două foi mari de copt cu hârtie de copt sau covorașe Silpat.
b) Într-un castron mare, folosiți o furculiță puternică pentru a bate împreună sosul de mere, untul de migdale, îndulcitorul uscat și semințele de in. Odată ce este relativ netedă, amestecați vanilia.
c) Adăugați făina de ovăz, bicarbonatul de sodiu și sare și amestecați bine. Adăugați făina de sorg și fulgii de ciocolată și amestecați bine.
d) Puneți linguri de aluat pe foile de copt pregătite în linguri de aproximativ 1½ lingură, la aproximativ 2 inci una de cealaltă. Aplatizați puțin fursecurile, astfel încât să semene cu niște discuri groase (nu se vor întinde deloc mult în timpul coacerii). Coaceți timp de 8 până la 10 minute. Cu cât le coci mai mult, cu atât vor fi mai crocante.
e) Scoateți fursecurile din cuptor și lăsați-le să se răcească pe foi timp de 5 minute, apoi transferați pe un gratar pentru a se răci complet.

52.Biscuiți cu Fonio și Moringa

INGREDIENTE:
PENTRU CRACKERS:
- 3/4 cană de Fonio Super-Grain, amestecat într-o făină
- 1 lingurita pudra de Moringa
- 1 cană de seminţe de dovleac
- 3/4 ceasca de seminte de floarea soarelui
- 1/2 cană de seminţe de in, seminţe întregi
- 1/2 cană de seminţe de chia
- 1/3 cană de ovăz rapid fără gluten
- 2 linguri de mac
- 1/2 lingurita sare
- 1/2 lingurita piper
- 1/4 lingurita pudra de turmeric
- 2 linguri ulei de măsline chili sau ulei de măsline simplu
- 1/2 cană de apă

PENTRU TABLA DE BRANZE:
- Nuci
- Fructe uscate
- Fructe proaspete
- Brânză vegană

INSTRUCŢIUNI:
a) Preîncălziţi cuptorul la 190°. Amestecă toate ingredientele uscate într-un bol.
b) Adăugaţi ulei de măsline şi apă şi amestecaţi bine până se formează un aluat.
c) Împărţiţi amestecul în două părţi. Luaţi o jumătate şi puneţi între două bucăţi de hârtie de copt şi întindeţi aluatul, cca. 2-3 mm grosime.
d) Tăiaţi-le în forma dorită şi transferaţi-le pe o tavă de copt. Repetaţi paşii cu a doua jumătate de aluat. Coaceţi 20-25 de minute sau până când marginile sunt aurii.
e) Se lasa la racit 10 minute. Serviţi cu o selecţie de fructe, nuci, brânzeturi şi dips.

53. Mușcături de energie fără coacere cu Nutella

INGREDIENTE:
- 1 cană de ovăz de modă veche
- ½ cană de cereale crocante de orez sau nucă de cocos mărunțită
- ½ cană Nutella
- ¼ cană unt de arahide
- ½ cană de semințe de in măcinate
- ⅓ cană miere
- 1 lingura ulei de cocos
- 1 lingurita de vanilie
- ½ cană chipsuri de ciocolată

INSTRUCȚIUNI:
a)   Amestecați fulgi de ovăz, cereale crocante de orez, Nutella, unt de arahide, semințe de in măcinate, miere, vanilie, ulei de cocos și mini chipsuri de ciocolată.
b)   Puneți amestecul în bile mici de aproximativ 1 lingură fiecare. Pune bilele pe o bucată de hârtie de copt.
c)   Folosiți-vă mâinile pentru a le rula în bile bine împachetate. Pune la frigider sa se fixeze.

54. Crisp cu mere, afine, nuci

INGREDIENTE:
UMPLERE:
- 3 mere mari roşii sau aurii delicioase, curăţate şi tăiate felii
- 2 linguri de zahăr brun la pachet
- 2 linguri faina integrala de grau
- 1 lingurita extract de vanilie
- ½ lingurita de scortisoara macinata
- ½ litru de afine (1 cană)

TOPPING CROSP:
- ¾ cana nuci, tocate foarte marunt
- ¼ de cană de ovăz de modă veche sau de gătit rapid
- 2 linguri de zahăr brun la pachet
- 2 linguri faina integrala de grau
- 2 linguri de seminte de in macinate
- ½ lingurita de scortisoara macinata
- ⅛ linguriţă sare
- 2 linguri ulei de canola

INSTRUCŢIUNI:

a) Preîncălziţi cuptorul la 400°F.

b) Combinaţi merele, zahărul brun, făina, vanilia şi scorţişoara într-un castron mare şi amestecaţi pentru a se acoperi. Aruncaţi uşor afinele. Puneţi amestecul de mere într-o tavă de copt de 8 x 8 inci şi puneţi deoparte.

c) Pentru a face toppingul, combinaţi nucile, ovăzul, zahărul brun, făina integrală de grâu, seminţele de in, scorţişoara şi sarea într-un castron mediu.

d) Adăugaţi uleiul de canola şi amestecaţi până când ingredientele uscate sunt bine acoperite.

e) Întindeţi uniform toppingul peste amestecul de fructe.

f) Coaceţi timp de 40 până la 45 de minute sau până când fructele sunt fragede şi toppingul este maro auriu (acoperiţi cu folie dacă toppingul se rumeneşte prea repede).

55.Smoothie de curăţare cu fructe de pădure şi mătfuri

INGREDIENTE:
- 3 frunze de smog, tulpinile îndepărtate
- ¼ cană de afine congelate
- Apă, 1 cană
- seminte de in macinate, 2 linguri
- 1 cană de zmeură
- 2 întâlnire Medjool fără sâmburi

INSTRUCȚIUNI:
a) Pune toate componentele într-un blender și procesează până la omogenizare completă.

SEMINTE DE CARDAMOM

56. Indian Masala Chai Affogato

INGREDIENTE:
- 1 lingură de înghețată sau înghețată masala chai
- 1 shot de ceai chai
- seminte de cardamom zdrobite
- fistic zdrobit

INSTRUCȚIUNI:
a) Pune o lingură de gelato sau înghețată masala chai într-un pahar de servire.
b) Se toarnă o doză de ceai chai peste gelato.
c) Se presara cu seminte de cardamom zdrobite.
d) Se ornează cu fistic zdrobit.
e) Serviți imediat și savurați aromele calde și aromate ale masala chai indian.

57. Înghețată Chai

INGREDIENTE:
- 2 stele de anason stelat
- 10 cuișoare întregi
- 10 ienibahar întreg
- 2 batoane de scortisoara
- 10 boabe de piper alb întregi
- 4 păstăi de cardamom, deschise la seminţe
- ¼ de cană de ceai negru cu corp (mic dejun din Ceylon sau englezesc)
- 1 cană lapte
- 2 cani de smantana grea (divizata, 1 cana si 1 cana)
- ¾ cană zahăr
- Un praf de sare
- 6 gălbenușuri de ou (vezi cum se separă ouăle)

INSTRUCȚIUNI:
a) Într-o cratiță grea puneți 1 cană de lapte, 1 cană de smântână și condimentele chai - anason stelat, cuișoare, ienibahar, batoane de scorțișoară, boabe de piper alb și păstăi de cardamom și un praf de sare.
b) Se încălzește amestecul până devine abur (nu fierbe) și fierbinte la atingere. Reduceți focul la încălzire, acoperiți și lăsați să stea timp de 1 oră.
c) Reîncălziți amestecul până când este din nou fierbinte (din nou nu fierbe), adăugați frunzele de ceai negru, luați de pe foc, amestecați ceaiul și lăsați la infuzat timp de 15 minute.
d) Folosiți o strecurătoare cu plasă fină pentru a strecura ceaiul și condimentele, turnând amestecul de cremă de lapte infuzat într-un castron separat.
e) Întoarceți amestecul de lapte și smântână în cratița cu fundul greu. Adăugați zahărul în amestecul de lapte-smântână și încălziți, amestecând, până când zahărul este complet dizolvat.
f) În timp ce ceaiul se infuzează în pasul anterior, pregătiți restul de 1 cană de smântână peste o baie de gheață.

g) Turnați crema într-un vas de metal de dimensiuni medii și puneți-o în apă cu gheață (cu multă gheață) peste un castron mai mare. Puneți o sită cu plasă deasupra bolurilor. Pus deoparte.
h) Bateți gălbenușurile într-un castron de mărime medie. Turnați încet amestecul de smântână de lapte încălzit în gălbenușurile de ou, amestecând încontinuu, astfel încât gălbenușurile să fie temperate de amestecul cald, dar să nu fie fierte de acesta. Răzuiți gălbenușurile încălzite înapoi în cratiță.
i) Întoarceți cratița pe aragaz, amestecând constant amestecul la foc mediu cu o lingură de lemn, răzuind fundul în timp ce amestecați până când amestecul se îngroașă și îmbracă lingura, astfel încât să puteți trece degetul peste acoperire și să nu curgă stratul. Acest lucru poate dura aproximativ 10 minute.
j) În momentul în care se întâmplă acest lucru, amestecul trebuie scos imediat de pe foc și turnat prin sită peste baia de gheață pentru a opri gătitul în pasul următor.

58. Ceai cu fulgi de alge Kombu

INGREDIENTE:
- 1-4 lingurițe de fulgi Kombu sau pudră
- 1 litru de apă rece
- 1-4 lingurițe de ceai verde cu frunze vrac
- 2 felii de ghimbir proaspăt sau rădăcină de galangal
- 1 lingurita scortisoara
- 2 felii de lamaie sau lime
- un praf de seminte de cardamom

INSTRUCȚIUNI:

a) Adaugă ceai verde, Kombu și arome la alegere într-o cană de 1,5 litri de apă rece.

b) Lăsați-l la infuzat până când s-a dezvoltat o culoare bună. Acest lucru va dura câteva ore.

c) Dacă doriți o băutură fierbinte, completați o jumătate de cană de ceai rece cu apă clocotită.

59. Prajituri cu unt de portocale si cardamom cu glazura de trandafiri

INGREDIENTE:
PENTRU PRĂJURI
- 2 linguri lapte integral
- 1 ½ linguriță coaja de portocală rasă
- ½ linguriță apă de floare de portocal
- ½ boabe de vanilie, taiata in jumatate in cruce
- ½ cană de unt nesărat (4 uncii), la temperatura camerei, plus mai mult pentru ungerea tavă
- 1 cană de făină universală (aproximativ 4 ¼ uncii), plus mai mult pentru tigaie
- 1 lingurita praf de copt
- ¼ de linguriță de semințe de cardamom verde măcinate
- ⅛ linguriță sare cușer
- ½ cană plus 1 lingură de zahăr granulat
- 2 oua mari, la temperatura camerei

PENTRU GLAURA
- 1 ½ cană de zahăr pudră (aproximativ 6 uncii)
- 1 cană de unt nesărat (8 uncii), înmuiat
- ½ linguriță apă de floare de portocal
- ½ linguriță extract de vanilie
- ⅛ linguriță apă de trandafiri
- ½ cană gem de zmeură fără semințe
- 1 ½ linguriță suc proaspăt de portocale

INGREDIENT SUPLIMENTAR
- Petale de trandafiri uscate, pentru decor

INSTRUCȚIUNI:
FACEȚI PRĂJIILE:
a) Preîncălziți cuptorul la 325°F. Combinați laptele, coaja de portocală și apa de floare de portocal într-un castron mic. Împărțiți boabele de vanilie jumătate în jumătate pe lungime și răzuiți semințele de vanilie în amestecul de lapte; se amestecă pentru a se combina. Adăugați pastaia de boabe de vanilie la amestecul de lapte; pus deoparte.
b) Ungeți cu generozitate fundul și părțile laterale ale celor 8 godeuri ale unei forme standard de 12 cești cu unt. Pudrați generos cu făină. Înclinați pentru a acoperi complet părțile laterale și eliminați excesul. Pus deoparte.
c) Se amestecă făina, praful de copt, cardamomul și sarea într-un castron mediu.
d) Bateți untul și zahărul într-un castron mare cu un mixer electric la viteză medie până devin ușor și pufos, 5 până la 7 minute. Adăugați ouăle în amestecul de unt, câte unul, batând la viteză medie până se combină.
e) Cu mixerul mergand la viteza mica, adaugam treptat amestecul de faina in amestecul de unt in 3 adaosuri, alternand cu amestecul de lapte. Bateți până când aluatul este omogen, aproximativ 2 minute.
f) Împărțiți aluatul uniform în 8 godeuri pregătite de tavă pentru brioșe; blaturi netede cu o spatulă offset.
g) Coaceți până când o scobitoare de lemn introdusă în centrul prăjiturii iese curată, 18 până la 20 de minute. Lasam sa se raceasca in tava 10 minute. Scoateți din tigaie; se lasa sa se raceasca complet pe un gratar, aproximativ 20 de minute.
h) Folosind un cuțit zimțat, îndepărtați și aruncați blaturile bombate de pe prăjituri. Răsturnați prăjiturile, tăiate în jos, pe o placă de tăiat. Înjumătățiți prăjiturile în cruce, creând 2 straturi pentru fiecare.
FACEȚI GLAURA:
i) Bateți zahărul pudră și untul într-un castron mediu cu un mixer electric la viteză medie-mare până devin ușor și pufos, aproximativ 5 minute.

j) Adăugați apă de floare de portocal, extract de vanilie și apă de trandafiri; bate până se combină.
k) Amestecați dulceața de zmeură și sucul de portocale într-un castron mic până la omogenizare.

PENTRU A ASSAMLA PRĂJITURI:
l) Întindeți 2 lingurițe de glazură pe stratul inferior al unui tort. Acoperiți cu 1 linguriță de amestec de gem și așezați stratul superior de tort pe gem.
m) Întindeți un strat subțire de glazură pe exteriorul prăjiturii; întindeți peste tort 2 lingurițe de glazură.
n) Puneți blatul cu 1 linguriță de amestec de dulceață, lăsând excesul să picure ușor pe părțile laterale.
o) Repetați cu prăjiturile rămase. Se ornează cu petale de trandafir uscate.

SEMINȚE DE CÂNEPĂ

60.Chiftele de sfeclă roșie

INGREDIENTE:
- Cutie de 15 uncii de fasole roșie deschisă
- 2 ½ linguri ulei de măsline extravirgin
- 2 ½ uncii ciuperci Cremini
- 1 ceapa rosie
- ½ cană de orez brun fiert
- ¾ cană sfeclă crudă
- 1/3 cană semințe de cânepă
- 1 lingurita piper negru macinat
- ½ linguriță sare de mare
- ½ linguriță de semințe de coriandru măcinate
- 1 înlocuitor de ouă vegan

INSTRUCȚIUNI:
a) Preîncălziți cuptorul la 375°F. Se zdrobește bine fasolea într-un bol de amestecare și se pune deoparte.
b) Încinge uleiul într-o tigaie antiaderentă la foc mediu.
c) Se adauga ciupercile si ceapa si se calesc pana se inmoaie, aproximativ 8 minute.
d) Transferați amestecul de legume în bolul de amestecare cu fasole.
e) Se amestecă orezul, sfecla, semințele de cânepă, piperul, sarea și coriandru până se combină.
f) Adăugați înlocuitorul de ouă vegan și amestecați până se omogenizează bine.
g) Formați amestecul în patru bile și puneți-le pe o foaie de copt nealbită tapetată cu hârtie de copt.
h) Ungeți ușor partea de sus a chiftelelor cu ½ lingură de ulei folosind vârful degetelor.
i) Coaceți timp de 1 oră. Întoarceți foarte ușor fiecare chifteluță și coaceți până când devine crocantă, fermă și rumenită, încă aproximativ 20 de minute.

61.Afine Spirulina Ovăz peste noapte

INGREDIENTE:
- ½ cană de ovăz
- 1 lingură nucă de cocos mărunțită
- ⅛ lingurițe de scorțișoară
- ½ linguriță de spirulina
- ½ cană lapte pe bază de plante
- 1 ½ linguriță iaurt pe bază de plante
- ¼ cană afine congelate
- 1 lingurita seminte de canepa
- 1 kiwi, feliat

INSTRUCȚIUNI:
a) Intr-un borcan sau castron adauga ovazul, nuca de cocos maruntita, scortisoara si spirulina. Adaugă apoi laptele vegetal și nuca de cocos sau iaurtul natural.
b) Adăugați afinele congelate și kiwi deasupra. Dați la frigider peste noapte, sau cel puțin o oră sau mai mult.
c) Înainte de servire adăugați semințele de cânepă dacă doriți. Bucurați-vă!

62.Smoothie Bowl cu piersici

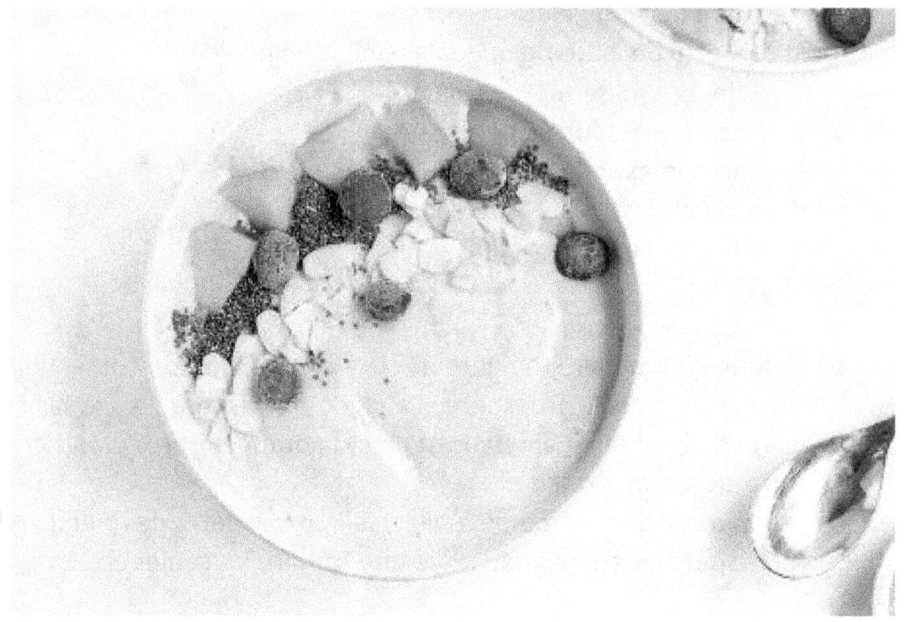

INGREDIENTE:
- 2 cani de piersici, congelate
- 1 banana, congelata
- 1½ cani de lapte de migdale vanilat neindulcit
- 1 lingura de seminte de canepa
- Fructe de padure amestecate
- flori comestibile
- felii de piersici proaspete
- felii proaspete de ananas

INSTRUCȚIUNI:
- ☑ Adăugați toate ingredientele, cu excepția florilor comestibile, a feliilor de piersici proaspete și a feliilor proaspete de ananas într-o cană de blender și amestecați până la omogenizare, având grijă să nu amestecați prea mult.
- ☑ Acoperiți cu flori comestibile, felii proaspete de piersici, felii proaspete de ananas sau orice alte toppinguri la alegere.

63.Scoarță de ciocolată cu boabe de Goji

INGREDIENTE:

- 12 uncii de Chips de ciocolată
- 2,5 linguri pulbere de mușchi de mare
- 1 lingură de semințe de cânepă
- ½ cană nuci crude
- 2 linguri de fructe de padure Goji
- ½ linguriță de sare de Himalaya, opțional

INSTRUCȚIUNI:

a) Adunați ingredientele. Pregătiți ingredientele, astfel încât coaja de ciocolată să fie ușor de asamblat.
b) Luați un castron mare care poate fi folosit la microunde, adăugați ciocolata și apoi topiți ciocolata la intervale de 30 de secunde în cuptorul cu microunde, amestecând între fiecare interval.
c) Odată ce ciocolata s-a topit complet, transferați ciocolata pe o farfurie tapetată cu pergament sau o foaie de copt. Utilizați o spatulă pentru a întinde ciocolata într-un strat subțire, uniform, de aproximativ ¼ inch grosime.
d) Adăugați toppinguri.
e) Transferați farfuria la frigider și lăsați ciocolata să se întărească, ceea ce ar trebui să dureze aproximativ 30 de minute.
f) Odată ce ciocolata s-a întărit, o puteți rupe în bucăți mici.
g) Bucurați-vă de ciocolată! Păstrați orice coajă de ciocolată rămasă într-un recipient ermetic la frigider timp de până la o săptămână.

64. Ceai verde și ghimbir Periuță

INGREDIENTE:
- 1 para Anjou, tocata
- ¼ cană stafide albe sau dude uscate
- 1 lingurita de radacina de ghimbir proaspat tocata
- 1 mână mare de salată romană tocată
- 1 lingura seminte de canepa
- 1 cană ceai verde preparat neîndulcit, răcit
- 7 până la 9 cuburi de gheață

INSTRUCȚIUNI:
a) Pune toate ingredientele cu excepția gheții într-un Vitamix și procesează până devine omogen și cremos.
b) Adăugați gheața și procesați din nou. Se bea rece.

SEMINTE DE MAC

65.Vafe cu lamaie si mac

INGREDIENTE:
- 2 căni de făină universală
- 2 linguri mamaliga
- 2 linguri de zahăr alb
- 2 linguri de mac
- ¾ lingurite de bicarbonat de sodiu
- ¾ lingurițe de sare în fulgi
- 2½ căni de zară
- 2 ouă mari
- 1 lingură coajă de lămâie rasă
- 1 lingurita suc proaspat de lamaie
- 1 lingurita extract pur de vanilie
- ⅔ cană ulei vegetal

INSTRUCȚIUNI:
a) Combinați toate ingredientele uscate într-un castron mare; se bate până se omogenizează bine. Fie într-o ceașcă mare de măsurare, fie într-un bol de amestecare separat, combinați ingredientele rămase și amestecați pentru a o combina.
b) Adăugați ingredientele lichide la ingredientele uscate și amestecați până la omogenizare.
c) Preîncălziți aparatul de vafe la setarea dorită.
d) Turnați o cană mică de aluat prin partea superioară a gurii. Când se aude sunetul, vafa este gata. Deschideți cu grijă aparatul de vafe și scoateți vafa coaptă.
e) Închideți aparatul de vafe și repetați cu aluatul rămas.

66. Carbquik Bialys

INGREDIENTE:
- 1 ½ cană apă caldă, 105 până la 115 grade F
- 1 ou intreg, batut cu 2 linguri apa pentru spalat
- 1 lingură sare kosher, pentru stropire
- 5 lingurite drojdie uscata activa
- 2 lingurite de zahar
- 5 ½ căni de Carbquik
- 2 ½ lingurițe sare kosher
- ½ cană fulgi de ceapă deshidratați
- 2 linguri ulei vegetal
- 1 ½ linguriță de semințe de mac

INSTRUCȚIUNI:
a) Preîncălziți cuptorul la 450 °F.
b) Într-un castron mare, amestecați apă caldă, drojdia și zahărul. Se amestecă o cană de Carbquik și sare. Adăugați cea mai mare parte din Carbquik rămas și amestecați cu o lingură de lemn pentru a forma o masă moale. Dacă utilizați un mixer, atașați cârligul de aluat și amestecați timp de 8 până la 10 minute, adăugând Carbquik suplimentar după cum este necesar pentru a forma un aluat ferm și neted. Alternativ, puteți frământa aluatul cu mâna.
c) Acoperiți aluatul și lăsați-l să se odihnească timp de aproximativ 45 până la 60 de minute. În timp ce aluatul se odihnește, tapetați 2 foi mari de copt cu hârtie de copt.
d) Puneți ceapa deshidratată într-un bol și adăugați apă fierbinte, lăsând ceapa să se înmoaie timp de 15 minute. Scurgeți bine ceapa, puneți-o într-un bol și adăugați uleiul și semințele de mac dacă folosiți. Pune acest amestec deoparte.
e) Odată ce aluatul s-a odihnit, loviți-l și împărțiți-l în două părți egale. Apoi, împărțiți fiecare jumătate în șase bucăți egale. Lăsați porțiile de aluat să se odihnească timp de 10 minute.
f) Rulați sau întindeți fiecare porție de aluat într-un oval sau cerc de 4 sau 5 inci, având grijă să nu suprasolicitați aluatul. Așezați bialys-urile pe foile de copt pregătite și, cu degetele, faceți adâncituri în centru cam de dimensiunea unei jumătate de dolar (nu treceți prin aluat).

g) Ungeți ușor perimetrul exterior al fiecărui bialy cu spălarea cu ouă. Puneți aproximativ 2 lingurițe de ceapă preparată pe fiecare bialy și adăugați un strop de sare dacă doriți.
h) Acoperiți bialys-urile cu un prosop de ceai cu făină și lăsați-le să crească timp de 30 până la 40 de minute sau până când devin umflate.
i) Coaceți bialys până când sunt aurii, ceea ce ar trebui să dureze aproximativ 25 până la 30 de minute. Dacă observați că bialys se rumenește prea repede, puteți reduce căldura cuptorului la 425 de grade F. Bucurați-vă de bialys proaspăt copt!

67. Brioșe cu lămâie Carbquik

INGREDIENTE:
- 1 ou intreg
- 1 cană Carbquik
- 2 linguri Splenda (sau dupa gust)
- 1 lingurita coaja de lamaie rasa
- ¼ cană suc de lămâie
- ⅛ cană apă
- 1 lingura ulei
- 1 lingura de mac (optional)
- 1 lingurita praf de copt
- Putina sare

INSTRUCȚIUNI:

a) Preîncălziți cuptorul: Încălziți cuptorul la 400ºF (200ºC). Puneți o ceașcă de hârtie de copt în fiecare dintre cele 6 căni de brioșe de dimensiune obișnuită sau ungeți numai fundul cupelor de brioșe.

b) Amestecați aluatul: într-un castron de mărime medie, bateți ușor oul.

c) Apoi, amestecați restul de Carbquik, Splenda, coaja de lămâie rasă, sucul de lămâie, apa, uleiul, semințele de mac (dacă se utilizează), praful de copt și un praf de sare. Se amestecă până când amestecul este doar umezit; nu amestecați în exces.

d) Împărțiți aluatul: Împărțiți aluatul pentru brioșe în mod egal între cupele pentru brioșe pregătite.

e) Coaceți: Coaceți brioșele în cuptorul preîncălzit timp de 15 până la 20 de minute sau până când blatul devine maro auriu. Urmăriți-le spre sfârșitul timpului de coacere pentru a evita coacerea excesivă.

f) Odată gata, scoateți brioșele din cuptor și lăsați-le să se răcească în cupele pentru brioșe câteva minute.

g) Transferați brioșele pe un grătar pentru a se răci complet.

h) Bucurați-vă de brioșele cu lămâie Carbquik de casă!

SEMINȚE DE MUȘTAR

68.Burekas

INGREDIENTE:
- 1 lb / 500 g aluat foietaj de cea mai bună calitate, din unt
- 1 ou mare crescător în aer liber, bătut

Umplutura de RICOTTA
- ¼ cană / 60 g brânză de vaci
- ¼ cană / 60 g brânză ricotta
- ⅔ cană / 90 brânză feta mărunțită
- 2 linguri / 10 g unt nesarat, topit

Umplutura de pecorino
- 3½ linguri / 50 g branza ricotta
- ⅔ cană / 70 g brânză pecorino învechită rasă
- ⅓ cana / 50 g branza Cheddar maturata rasa
- 1 praz, tăiat în segmente de 2 inchi / 5 cm, albit până când se înmoaie și tocat fin (¾ cană / 80 g în total)
- 1 lingura patrunjel cu frunze plate tocat
- ½ linguriță piper negru proaspăt măcinat

SEMINTE
- 1 linguriță de semințe de nigella
- 1 lingurita de seminte de susan
- 1 linguriță de semințe de muștar galben
- 1 linguriță de semințe de chimen
- ½ linguriță fulgi de chile

INSTRUCȚIUNI:

a) Întindeți aluatul în două pătrate de 12 inchi / 30 cm fiecare ⅛ inch / 3 mm grosime. Asezam foile de patiserie pe o tava tapetata cu pergament – se pot odihni una peste alta, cu o foaie de pergament intre ele – si lasam la frigider 1 ora.

b) Puneți fiecare set de ingrediente de umplutură într-un bol separat. Se amestecă și se pune deoparte. Se amestecă toate semințele într-un bol și se lasă deoparte.

c) Tăiați fiecare foaie de patiserie în pătrate de 4 inci / 10 cm; ar trebui să obțineți 18 pătrate în total. Împărțiți prima umplutură în mod egal între jumătate din pătrate, punând-o cu lingura în centrul fiecărui pătrat. Ungeți două margini adiacente ale fiecărui pătrat cu ou și apoi pliați pătratul în jumătate pentru a forma un triunghi.

Împingeți orice aer și prindeți ferm părțile laterale. Vrei să presați foarte bine marginile pentru a nu se deschide în timpul gătirii. Repetați cu pătratele de patiserie rămase și cu a doua umplutură. Puneți pe o tavă de copt tapetată cu pergament și lăsați la frigider pentru cel puțin 15 minute pentru a se întări. Preîncălziți cuptorul la 425 ° F / 220 ° C.

d) Ungeți cele două margini scurte ale fiecărui aluat cu ou și scufundați aceste margini în amestecul de semințe; o cantitate mică de semințe, doar ⅙ inch / 2 mm lățime, este tot ceea ce este necesar, deoarece acestea sunt destul de dominante. Ungeți și partea de sus a fiecărui produs de patiserie cu puțin ou, evitând semințele.

e) Asigurați-vă că produsele de patiserie sunt distanțate la aproximativ 3 cm.

f) Coaceți timp de 15 până la 17 minute, până se rumenesc peste tot. Se serveste cald sau la temperatura camerei.

g) Dacă o parte din umplutură se revarsă din produse de patiserie în timpul coacerii, introduceți-o ușor înapoi când sunt suficient de rece pentru a fi manipulate.

69.Chutney de Rubarbă

INGREDIENTE:
- 1 kilogram de rubarbă
- 2 lingurițe de ghimbir proaspăt ras grosier
- 2 catei de usturoi
- 1 chile Jalapeno,(sau mai multe)seminţe şi vene Scoateţi
- 1 lingurita Boia
- 1 lingura seminte de mustar negru
- ¼ cană coacăze
- 1 cană zahăr brun deschis
- 1½ cană oțet uşor

INSTRUCȚIUNI:
a) Spălaţi rubarba şi segmentaţi-o în bucăţi groase de ¼ inch. Dacă tulpinile sunt late, tăiaţi-le mai întâi în jumătate sau treimi pe lungime.
b) Tocaţi mărunt ghimbirul ras cu usturoiul şi chile.
c) Pune toate ingredientele într-o tigaie necorozivă, aducem la fierbere, apoi scădeţi focul şi fierbeţi până când rubarba se descompune şi are textura unei gemuri, aproximativ 30 de minute.
d) A se pastra la frigider intr-un borcan de sticla.

70. Ridichi murate

INGREDIENTE:
- 1 legatura ridichi, taiate si feliate subtiri
- 1 cana otet alb
- ½ cană apă
- ¼ cană zahăr
- 1 lingura sare
- 1 lingurita boabe intregi de piper negru
- 1 linguriță de semințe de muștar
- 1 lingurita seminte de marar

INSTRUCȚIUNI:
a) Într-o cratiță, combinați oțetul, apa, zahărul, sarea, boabele de piper negru, semințele de muștar și semințele de mărar.
b) Aduceți amestecul la fiert și amestecați până când zahărul și sarea se dizolvă.
c) Pune ridichile feliate într-un borcan sterilizat.
d) Turnați lichidul fierbinte de decapare peste ridichi, asigurându-vă că acestea sunt complet scufundate.
e) Lăsați ridichile murate să se răcească la temperatura camerei, apoi acoperiți și lăsați-le la frigider pentru cel puțin 24 de ore înainte de servire.

71. Muștar Microgreen Dal Curry

INGREDIENTE:
- ½ cană moong dal
- ¼ cană dovleac
- 2 ½ cană apă
- Ciupiți de sare
- ½ cană nucă de cocos rasă
- 6 eșalote
- 1 catel de usturoi
- 1 ardei iute verde
- frunze de curry
- ¼ linguriță pudră de turmeric
- ¼ linguriță de semințe de chimen
- ½ cană microverduri de muștar
- 1 lingura ulei
- ¼ linguriță de semințe de muștar
- 2 ardei iute roșii

INSTRUCȚIUNI:
a) Combinați moong dal, dovleceii, sarea și apa într-o oală sub presiune. Gatiti 1 fluierat dupa ce amestecati bine totul.
b) Între timp, combinați nuca de cocos rasă, eșalota, usturoiul, chiliul verde, semințele de chimen, 3 sau 4 frunze de curry și pudra de turmeric într-un blender.
c) Se amestecă pasta măcinată cu amestecul de dal fiert.
d) Fierbeți amestecul de dal timp de 2 până la 3 minute. Acum este timpul să adăugați microverde.
e) Se aduce la fierbere 1 minut, apoi se ia de pe foc.
f) Adăugați semințele de muștar și ardeiul iute roșu într-o tigaie.
g) Adăugați șalota și gătiți câteva minute
h) Adăugați temperarea la amestecul de dal.

72. Muştar Prosecco

INGREDIENTE:
- ¼ cană de semințe de muștar galben
- ¼ cană semințe de muștar brun
- ½ cană Prosecco
- ¼ cană oțet de vin alb
- 1 lingura miere
- ½ lingurita sare

INSTRUCȚIUNI:
a) Într-un castron, combinați semințele de muștar galben și maro.
b) Într-un castron separat, amestecați Prosecco, oțetul de vin alb, mierea și sarea.
c) Se toarnă amestecul de Prosecco peste semințele de muștar și se amestecă.
d) Lăsați amestecul să stea la temperatura camerei timp de aproximativ 24 de ore, amestecând ocazional.
e) Transferați amestecul într-un blender sau robot de bucătărie și amestecați până când obțineți consistența dorită.
f) Păstrați muștarul Prosecco într-un recipient ermetic la frigider.
g) Folosiți-l ca condiment pentru sandvișuri, burgeri sau ca sos pentru covrigei și gustări.

73. Mei, orez și rodie

INGREDIENTE:
- 2 căni de pohe subțire
- 1 cană de mei umflat sau de orez
- 1 cană de zară groasă
- ½ cană bucăți de rodie
- 5 - 6 frunze de curry
- ½ linguriță de semințe de muștar
- ½ linguriță de semințe de chimen
- ⅛ lingurita asafoetida
- 5 lingurite ulei
- Zahăr după gust
- Sarat la gust
- Nucă de cocos proaspătă sau uscată - mărunțită
- Frunze proaspete de coriandru

INSTRUCȚIUNI:
a) Se incinge uleiul si apoi se adauga semintele de mustar.
b) Adăugați semințele de chimen, asafoetida și frunzele de curry când apar.
c) Puneți pohe-ul într-un castron.
d) Amestecați amestecul de condimente cu ulei, zahăr și sare.
e) Când pohe s-a răcit, combinați-l cu iaurtul, coriandru și nuca de cocos.
f) Serviți ornat cu coriandru și nucă de cocos.

74. Chutney de merișoare și smochine

INGREDIENTE:
- 4 cesti Merisoare, tocate grosier
- 1 rădăcină de ghimbir de 1 inch, decojită și mărunțită fin
- 1 portocală Navel mare, tăiată în sferturi și tocată mărunt
- 1 ceapă mică, tăiată mărunt
- ½ cană coacăze uscate
- 5 Smochine uscate, tăiate fin
- ½ cană nuci, prăjite și tocate grosier
- 2 linguri semințe de muștar
- 2 linguri otet de cidru
- ¾ cană Bourbon sau whisky scoțian (opțional)
- 1½ cani de zahar brun deschis
- 2 lingurițe de scorțișoară măcinată
- 1 lingurita nucsoara macinata
- ½ linguriță cuișoare măcinate
- ½ lingurita Sare
- ⅛ linguriță de piper Cayenne

INSTRUCȚIUNI:
a) Într-o cratiță de 4 litri, combinați merișoarele tocate grosier, ghimbirul mărunțit mărunt, portocala buricul tocată mărunt, ceapa tăiată cubulețe, coacăzele uscate, smochinele uscate tăiate, nucile prăjite și tocate, semințele de muștar, ghimbirul mărunțit, oțetul de cidru (dacă și whiskey). folosind).
b) Într-un castron mic, amestecați bine zahărul brun, scorțișoara, nucșoara, cuișoarele, sarea și piperul cayenne.
c) Adăugați ingredientele uscate din castronul mic în cratiță cu celelalte ingrediente. Se amestecă pentru a combina totul.
d) Se încălzește amestecul până când ajunge la fierbere.
e) Reduceți focul și lăsați chutney-ul să fiarbă 25-30 de minute, amestecând des.
f) Odată gata, lăsați chutney-ul să se răcească, apoi dați-l la frigider până la 2 săptămâni. Alternativ, poate fi congelat până la 1 an.
g) Savurează-ți deliciosul Chutney de smochine de afine!

SEMINȚE DE FENICUL

75.Tort Tres Leches Cu Seminte De Fenicul

INGREDIENTE:
COZONAC:
- 1 ½ cană de făină universală
- 1 lingura praf de copt
- 1 lingurita scortisoara
- ½ linguriță de semințe de fenicul, prăjită și măcinată
- ½ linguriță de semințe de coriandru, prăjite și măcinate
- 6 albusuri
- 1 lingurita sare
- 1½ cană de zahăr granulat
- 3 galbenusuri de ou
- 2½ linguriță extract de vanilie
- ½ cană lapte
- 6 linguri lapte praf

TRES LECHES SOAK:
- 1 cană lapte integral
- 4 linguri lapte praf, prajit (rezervat din reteta de pandispans)
- 12 uncii poate lapte evaporat
- Cutie de lapte condensat de 14 uncii

BAUCE MACERATE:
- ½ cană apă
- ½ cană zahăr
- Frunze de fenicul din 1 bulb, împărțite
- 18 uncii fructe de pădure la alegere, împărțite în jumătate
- 1 lingura suc de lamaie

FRISCA:
- 1 cană smântână groasă
- ½ cană zahăr granulat
- 2 linguri de zară
- Ciupiți de sare

INSTRUCȚIUNI:
COZONAC:
a) Prăjiți mirodeniile într-un cuptor la 325 de grade timp de 8-10 minute, apoi măcinați cu o mașină de tocat mirodenii, un mojar și un pistil sau un blender.
b) Preîncălziți cuptorul la 300 de grade.
c) Adaugati 6 linguri de lapte praf intr-o tava termorezistenta si puneti-o la cuptor. Se amestecă și se rotește la fiecare 5 minute până când pulberea este de culoarea nisipului.
d) Creșteți căldura la 350 de grade.
e) Tapetați o tavă de tort de 9 pe 13 inci cu hârtie de pergament; unge bine pergamentul cu spray sau ulei.
f) Cerneți făina, praful de copt, scorțișoara, feniculul și coriandru într-un castron mare și bateți.
g) Puneti albusurile si sarea in vasul unui mixer cu stand si amestecati cu un accesoriu de tel la viteza medie pana devine spumoasa. Continuați să bateți până devine pufos, iar albușurile țin vârfuri moi.
h) Pudrați încet zahărul granulat în mixerul care rulează și continuați să bateți până când albușurile formează vârfuri medii.
i) În timp ce mixerul funcționează, turnați pe rând gălbenușurile de ou, apoi vanilia, amestecând până se încorporează.
j) Bateți 2 linguri de lapte praf prăjit în lapte. Puneți restul de lapte praf deoparte pentru utilizare ulterioară.
k) Scoateți bezeaua din mixer și pliați în jumătate din amestecul uscat cu o spatulă de cauciuc.
l) Turnați jumătate din amestecul de lapte și continuați să pliați, rotind vasul și pliând în sensul acelor de ceasornic de la centru spre margine.
m) Adăugați ingredientele uscate rămase și continuați să pliați. Adăugați amestecul de lapte rămas și amestecați până se omogenizează, având grijă să nu amestecați prea mult.
n) Pune aluatul în tava pregătită și netezește colțurile folosind o spatulă.
o) Coaceți timp de 10-12 minute, rotind la fiecare 5 minute pentru a asigura o coacere uniformă.

p) Scoateți din cuptor când prăjitura este rumenită uniform, iar marginile se desprind ușor de tavă.
q) Se lasa sa se raceasca la temperatura camerei.

TRES LECHES SOAK:
r) Într-un blender, adăugați laptele, restul de lapte praf prăjit, laptele evaporat și laptele condensat. Se amestecă pentru a se incorpora.
s) Se toarna peste prajitura si se da la frigider prajitura inmuiata pana este gata de servire.

BAUCE MACERATE:
t) Intr-o craticioara se aduce apa la fiert, apoi se adauga zaharul. Bateți pentru a combina.
u) Adăugați o mână generoasă de frunze de fenicul verde aprins, rezervând câteva pentru decor. Se ia de pe foc și se lasă la infuzat până când siropul s-a răcit la temperatura camerei.
v) Se strecoară siropul.
w) Cu aproximativ 30 de minute înainte de servire, macerați jumătate din fructe de pădure în sirop și sucul de lămâie. Rezervați fructele de pădure rămase pentru decor.

FRISCA:
x) Într-un mixer cu suport pentru tel, adăugați smântâna groasă, zahărul, zara și sarea și amestecați la viteză medie până se formează vârfuri medii.
y) Se da la frigider pana este gata de servire.

ASAMBLARE:
z) Tăiați prăjitura Tres leches în felii. Se toarnă fiecare felie cu frișcă, apoi se ornează cu fructe de pădure proaspete, fructe de pădure macerate și frunze de fenicul.

76.Umăr de miel la friptură lent

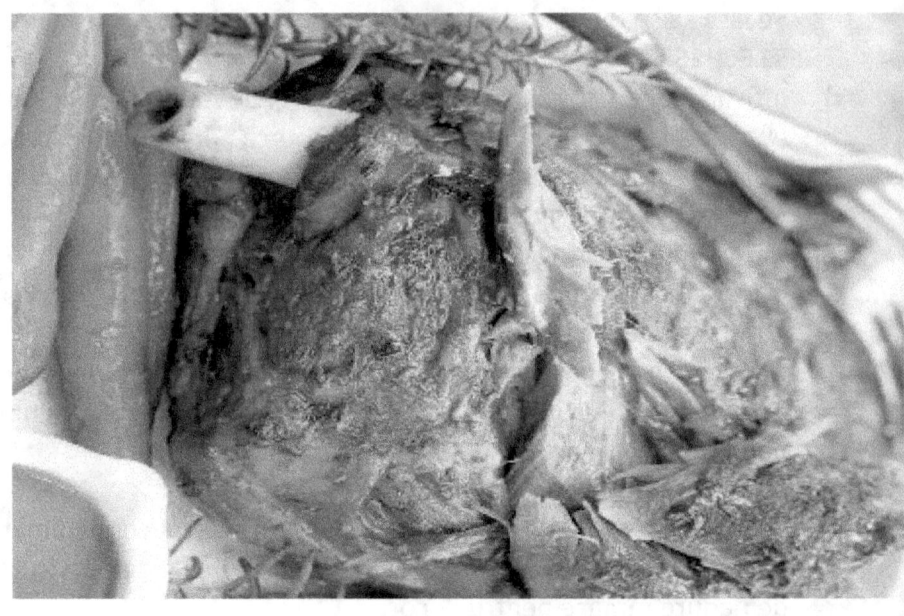

INGREDIENTE:
- 2 linguri seminte de fenicul, macinate
- 1 lingură boabe de piper negru, măcinate
- 6 catei de usturoi grasi, tocati grosier
- 1 lingura ulei de masline
- 1 lingurita fulgi de sare
- 5 lire sterline. umăr de miel, cu os
- 2 cepe mari, feliate
- 14 uncii Morcovi medii, curățați
- S alt și piper negru proaspăt măcinat

INSTRUCȚIUNI:
a) Pentru a pregăti o pastă, combinați usturoiul, uleiul de măsline și sarea într-un robot de bucătărie.
b) Puneți mielul într-o tavă mare și străpungeți zeci de mici incizii peste tot cu un cuțit ascuțit.
c) Turnați pasta de semințe de fenicul peste miel și frecați-o cât mai mult posibil, frecând-o în incizii.
d) Se da la frigider pentru cateva ore.
e) Pune-l la cuptorul cu lemne timp de 2 ore pentru a se prăji.
f) Se împrăștie ceapa și morcovii întregi în jurul mielului, rotindu-le pentru a unge cu sucuri și se întoarce la cuptor pentru încă o oră, moment în care totul ar trebui să fie extrem de moale.
g) Transferați mielul într-o tavă de servire și împrăștiați legumele în jurul lui, cu lingura peste orice suc de tigaie.

77.Ceai de musetel si fenicul

INGREDIENTE:
- 1 lingurita flori de musetel
- 1 lingurita de seminte de fenicul
- 1 linguriță dulci de luncă
- 1 lingurita radacina de marshmallow, tocata marunt
- 1 linguriță de șoricel

INSTRUCȚIUNI:
a) Pune ierburile într-un ceainic.
b) Se fierbe apa si se adauga in ceainic.
c) Se lasă la infuzat 5 minute și se servește.
d) Se bea 1 cană de infuzie de 3 ori pe zi.

SEMINTE DE CHIMEN

78. Plăcintă cu oală de porc de la fermă

INGREDIENTE:

- 2 cepe, tocate
- 2 morcovi, feliați
- 1 Cap de varză, tocat
- 3 căni de porc, fiartă, tăiată cubulețe
- Sarat la gust
- 1 aluat pentru o plăcintă de 9 inci
- ¼ cană unt sau margarină
- 2 cartofi, tăiați cubulețe
- 1 conserve bulion de pui (14 oz)
- 1 lingura de bitter aromatic Angostura
- Piper alb după gust
- 2 lingurițe de semințe de chimen

INSTRUCȚIUNI:

a) Se caleste ceapa in unt pana devine aurie.

b) Adăugați morcovi, cartofi, varză, bulion, carne de porc și bitter; se acoperă și se fierbe până când varza este fragedă, aproximativ 30 de minute.

c) Se condimenteaza cu sare si piper alb dupa gust.

d) Pregătiți aluatul, adăugând semințe de chimen.

e) Întindeți aluatul pe o placă ușor făinată până la o grosime de ⅛ inch; decupați șase cercuri de 6 inchi deasupra a șase tigăi de plăcintă de 5 inci.

f) Împărțiți umplutura în mod egal în tavile pentru plăcintă; Acoperiți cu cruste, lăsând aluatul să atârne ½ inch peste laturile tigaii.

g) Tăiați o cruce pe centrul fiecărei plăcinte; trageți înapoi punctele de patiserie pentru a deschide blaturile plăcintelor.

h) Coaceți la 400'F preîncălzit. cuptor 30 până la 35 de minute, sau până când crusta este maronie și umplutura este spumoasă.

79. Supa de nucă de cocos Supergreens și Spirulina

INGREDIENTE:
- 1 lingurita de seminte de fenicul
- 1 linguriță de semințe de chimen
- 2" inci de ghimbir, tocat
- 3 catei de usturoi, tocati
- 1 ceapă albă mare, tocată grosier
- 2 bețișoare de țelină, tăiate grosier
- 1 cap de broccoli
- 1 dovlecel/dovlecel, tocat
- 1 măr, decojit și tocat
- 2 căni de spanac ambalate
- 3 cani de supa de legume
- 1 lingurita sare de mare
- 1 lingurita piper
- 2 lingurite de spirulina
- 1 lingura suc de lamaie

INSTRUCȚIUNI:
a) Se încălzește 1 lingură de ulei de măsline într-o oală mare la o temperatură medie și se adaugă semințele de chimen și de fenicul și se încălzesc până când încep să scadă.
b) Adăugați ceapa în tigaie și gătiți aproximativ 3 minute sau până când devine translucid.
c) Adăugați usturoiul și ghimbirul și continuați să prăjiți timp de 30 de secunde, ca să fie parfumat.
d) Adăugați țelina și broccoli, amestecați pentru a combina totul și gătiți timp de 1 minut înainte de a adăuga mărul, dovleceii, sare, piper și supa de legume.
e) Aduceți bulionul la fierbere și apoi reduceți-l la fiert. Se fierbe timp de aproximativ 10 minute sau până când legumele sunt fragede.
f) Adăugați laptele de cocos și aduceți-l înapoi la fiert.
g) Adăugați spanacul, amestecați și gătiți timp de 1 minut, până când se ofilește și este verde vibrant.
h) Se ia de pe foc si se adauga sucul de lime si spirulina.
i) Transferați într-un blender și agitați la maxim până se omogenizează! Acoperiți cu crutoane, năut prăjit sau fulgi de cocos

80. limba germana Bratwurst

INGREDIENTE:
- 4 kg fund de porc măcinat fin
- 2 kilograme de vițel măcinat fin
- ½ linguriță de ienibahar măcinat
- 1 linguriță de semințe de chimen
- 1 lingurita maghiran uscat
- 1½ linguriță de piper alb
- 3 lingurite sare
- 1 cană apă rece

INSTRUCȚIUNI:
a) Combinați toate ingredientele, amestecați bine și treceți din nou prin lama fină a râșniței.
b) Puneți în carcasă de porc.

81. Chimen sărat și biscuiți de secară

INGREDIENTE:
- 1 cană făină simplă
- 1 cană făină de secară
- 1 lingurita zahar brun inchis
- ½ linguriță de praf de copt
- ½ linguriță sare fină
- ¼ cană unt , cub d
- ½ cană lapte
- 1 ou, batut
- 2 linguri de seminte de chimen, dupa gust
- Fulgi de sare de mare

INSTRUCȚIUNI:
a) Într-un castron, amestecați ambele făină, zahărul, praful de copt și sarea.
b) Adăugați cuburile de unt și amestecați-le până se absorb complet în făină;
c) Adăugați laptele și amestecați cu o lingură pentru a obține un aluat fin. Înfășurați în folie alimentară și lăsați deoparte la temperatura camerei timp de 30 de minute.
d) Când sunteți gata de coacere, înfăinați ușor suprafața de lucru și o tavă de copt.
e) Întindeți aluatul pentru a se potrivi cât mai bine cu forma tăvii de copt.
f) Înțepați biscuiții peste tot cu o furculiță, apoi înțepați-i adânc.
g) Într-un castron, spargeți oul și amestecați ușor cu o lingură de apă. Ungeți peste tot aluatul, apoi acoperiți cu semințe de chimen și o cantitate generoasă de fulgi de sare de mare.
h) Puneți în cuptorul cu lemne și coaceți timp de 20 de minute la aproximativ 350°F.
i) Când biscuiții s-au răcit, rupeți-i de-a lungul liniilor de scor și serviți.

SEMINTE DE NIGELLA/SEMINTE DE CHIMEN NEGRU

82.Tarta Vinete Cu Branza De Capra

INGREDIENTE:
- 2 kilograme de vinete (aproximativ 3 vinete mici; 900 g)
- 4 lingurițe de sare cușer, împărțite
- Făină universală, pentru pudrat
- 2 foi de aluat foietaj congelat (1 cutie plina), decongelate
- 4 linguri de ulei de măsline extravirgin (2 uncii; 60 g)
- Piper negru proaspăt măcinat
- ½ cană de brânză proaspătă de capră (4 uncii; 112 g)
- 2 căni de Gouda mărunțit (6 uncii; 168 g)
- 2 lingurițe de semințe de nigella
- 4 linguri de miere (2 uncii; 60 g), împărțite
- Ierburi proaspete, cum ar fi arpagicul sau busuioc, pentru garnitură (opțional)

INSTRUCȚIUNI:

a) Folosind un cuțit de bucătar ascuțit sau o mandolină, feliați vinetele în felii groase de ¼ inch.

b) Aruncați feliile cu 1 lingură (12 g) de sare kosher și puneți-le deoparte într-o strecurătoare pusă peste un castron sau chiuvetă. Lăsați-le să se scurgă cel puțin 30 de minute.

c) Reglați două rafturi din cuptor în pozițiile de sus și de jos-mijloc. Preîncălziți cuptorul la 400°F (200°C).

d) Tapetați trei tăvi de jumătate de foaie cu ramă cu hârtie de pergament. De asemenea, tăiați o foaie suplimentară de pergament și puneți-o deoparte.

e) Pe o suprafata usor infainata asezam foile de aluat foietaj dezghetat una peste alta.

f) Întindeți aluatul până când este suficient de mare pentru a încăpea o tavă de jumătate de foaie, aproximativ 11 pe 15 inci. Folosiți suficientă făină pentru a preveni lipirea.

g) Rulați aluatul pe sucitor pentru a-l transfera, apoi derulați-l pe tava de copt tapetată cu pergament. Deasupra puneți o foaie suplimentară de pergament.

h) Până în acest moment, vinetele ar fi eliberat excesul de lichid. Clătiți feliile de vinete sub apă rece pentru a îndepărta sarea rămasă și uscați-le cu un prosop curat de bucătărie sau un prosop de hârtie.

Aranjați feliile de vinete pe cele două foi de copt căptușite rămase. Asezonați-le cu ulei de măsline extravirgin, piper negru și sare kosher rămasă.

i) Puneți una dintre foile de copt cu vinete deasupra aluatului foietaj pentru a-l cântări în timp ce se coace. Coaceți toate cele trei tăvi în cuptorul preîncălzit pentru aproximativ 20 de minute, rotind tigăile o dată după 10 minute. În acest timp, vinetele vor deveni fragede, iar aluatul va deveni ferm, dar nu ar trebui să dezvolte nicio culoare.

ASSAMBLAȚI TARTA:

j) După prima coacere, scoateți tăvile din cuptor. Creșteți temperatura cuptorului la 500°F (260°C). Folosiți o spatulă offset pentru a întinde uniform brânză de capră pe aluatul foietaj. Presărați semințele de Gouda și nigella mărunțite peste brânza de capră.

k) Aranjați feliile de vinete parțial fierte pentru a acoperi tarta. Stropiți uniform peste vinete 2 linguri (30 g) de miere.

l) Puneți tarta la cuptor și coaceți încă 15 minute sau până când aluatul este rumenit și crocant până la capăt.

m) Terminați tarta stropind peste ea mierea rămasă. Opțional, se ornează cu ierburi proaspete precum arpagicul sau busuioc. Tăiați tarta în porțiile dorite și serviți imediat.

n) Bucurați-vă de această delicioasă tartă de vinete cu brânză de capră și miere ca aperitiv sau fel principal delicios.

83. Scones de pui

INGREDIENTE:
PENTRU SCONES:
- 225 g de făină auto-crescătoare, plus suplimentar pentru pudrat
- 1 lingurita praf de copt
- 140 g unt rece, tocat în bucăți mici
- 150 ml lapte
- 1 lingura de seminte de nigella
- 1 ou, batut

PENTRU Umplutura:
- 3 piept de pui fiert, tocat marunt sau maruntit
- 100 g chutney de mango
- 2 lingurițe pudră de curry blândă
- Iaurt natural oala 150 g
- 75 g maioneza
- Bucheță mică de coriandru, tocat
- Bucheță mică de mentă, tocată
- Suc de ½ lămâie
- ½ castravete, decojit în panglici
- 1 ceapă roșie mică, feliată subțire

INSTRUCȚIUNI:
PENTRU SCONES:

a) Tapetați o tavă cu pergament de copt și preîncălziți cuptorul la 220°C/200°C ventilator/gaz 7.

b) Într-un castron mare, amestecați făina care crește automat, praful de copt și ¼ de linguriță de sare. Adăugați untul rece, tocat și frecați-l în făină cu vârful degetelor până când amestecul seamănă cu pesmet fin.

c) Adăugați laptele și semințele de nigella, apoi amestecați ingredientele cu un cuțit de tacâmuri până formează un aluat moale.

d) Puneți aluatul pe suprafața de lucru și frământați scurt pentru a încorpora orice firimituri libere. Făinăm bine suprafața și întindem aluatul până la o grosime de aproximativ 1½ cm. Folosiți un tăietor de biscuiți de 7 cm pentru a întinde 12 cercuri. Poate fi necesar să

combinați resturile și să rulați din nou pentru a face toate cele 12 chifle.
e) Aranjați scones-urile pe tăvile de copt, ungeți blaturile cu puțin ou bătut și coaceți 10-12 minute sau până devin aurii. Lăsați-le deoparte să se răcească în timp ce pregătiți umplutura.

PENTRU Umplutura:
f) Într-un castron, amestecați puiul tocat sau mărunțit, chutney-ul de mango, pudra de curry ușoară, iaurtul natural, maioneza, ierburile tocate, sucul de lămâie și asezonați după gust. Răciți acest amestec până când sunteți gata să asamblați scones.

A ASAMBLA:
g) Pentru a servi, împărțiți scones și creați sandvișuri cu pui de încoronare, panglici de castraveți și ceapă roșie feliată subțire.
h) Dacă doriți, folosiți frigărui pentru a ține scones-urile împreună.

84. Amestec de condimente Tikur Azmud (amestec de chimen negru)

INGREDIENTE:
- 2 linguri de semințe de chimen negru (Tikur Azmud)
- 1 lingura seminte de coriandru
- ½ linguriță de semințe de cardamom
- ½ linguriță de semințe de schinduf
- ½ linguriță de semințe de muștar
- ½ linguriță de semințe de nigella (kalonji)
- ½ lingurita de scortisoara macinata
- ½ linguriță cuișoare măcinate
- ½ linguriță de ienibahar măcinat

INSTRUCȚIUNI:
a) Într-o tigaie uscată, prăjiți ușor semințele de chimen, semințele de coriandru, semințele de cardamom, semințele de schinduf, semințele de muștar și semințele de nigella până devin parfumate. Aveți grijă să nu le ardeți.
b) Lăsați semințele prăjite să se răcească, apoi măcinați-le într-o pulbere fină folosind o râșniță de condimente sau un mojar și un pistil.
c) Într-un castron, combinați amestecul de condimente măcinate cu scorțișoară măcinată, cuișoare și ienibahar.
d) Păstrați amestecul de condimente Tikur Azmud într-un recipient ermetic, într-un loc răcoros și întunecat.

85. Curry Verde Matcha Pui Cu Lime

INGREDIENTE:
- 2 linguri Coriandru, seminte plus 1 buchet mare, tocat
- 1 lingura de chimion, seminte
- 1 ½ linguriță, ceai verde
- 1 praf, de nucsoara proaspat rasa
- 6 catei de usturoi, tocati
- 5 eșalote, tocate
- 8 Ardei iute, verde, fără semințe și tocat
- 125 g Galangal, tocat
- 2 tulpini de lemongrass, frunzele exterioare îndepărtate, tulpinile interioare tăiate
- 4 frunze de lime Kaffir, tocate
- 2 linguri de pasta de creveti
- 1 Lime, suc
- 4 linguri ulei de arahide
- 2 piepti de pui fara piele, feliati
- 400 ml supa de pui
- 400 ml lapte de cocos
- 250 g Mangetout, feliat grosier
- 4 Bok Choy mici, tocate grosier
- Sare
- Piper negru, proaspăt măcinat
- crengute de coriandru
- 2 lime, tăiate felii
- 1 lingură, de boabe de piper negru, zdrobite

INSTRUCȚIUNI:
a) Cum se face un curry verde de pui matcha cu lime verde
b) Prăjiți semințele de coriandru și chimen într-o tigaie uscată, pusă la foc mediu, până devin aromate.
c) Puneți într-o râșniță de condimente, adăugați pudra de matcha și amestecați până când devine fin și pudră.
d) Pune-l într-un blender sau robot de bucătărie.
e) Adăugați nucșoară, usturoi, eșalotă, coriandru, ardei iute, galanga, lemongrass, kaffir, frunze de tei, pasta de creveți și sucul de lămâie.

f) Amestecați la mare până se omogenizează și ca o pastă.
g) Încinge 2 linguri de ulei într-un wok mare, la foc moderat.
h) Asezonați puiul cu sare și piper înainte de a adăuga în wok și de a-l prăji până când devine auriu, aproximativ 3-4 minute.
i) Transferați pe o farfurie.
j) Adăugați uleiul rămas și apoi pasta, prăjiți până începe să se întunece în timp ce frecvent, aproximativ 4-5 minute.
k) Adăugați bulionul și laptele de cocos și aduceți la fiert.
l) Puneți puiul în sos, acoperiți-l parțial cu un capac și gătiți la foc mic până când este gătit aproximativ 6-8 minute.
m) Adăugați mangetout și pak choi în curry și gătiți încă 3-4 minute până când se înmoaie.
n) Asezonați curry-ul cu sare și piper după gust.
o) Serviți curry verde de pui matcha de la wok cu o garnitură de crenguțe de coriandru, câteva felii de lime și o stropire de boabe de piper negru zdrobite.

SEMINTE DE PAPAIA

86.Salsa cu semințe de papaya

INGREDIENTE:
- 1 cană de papaya coptă tăiată cubulețe
- 2 linguri ceapa rosie tocata
- 1 ardei jalapeño, fără semințe și tocat
- 2 linguri coriandru proaspăt tocat
- Suc de 1 lime
- Sarat la gust
- 1 lingura de seminte de papaya

INSTRUCȚIUNI:
a) Într-un castron, combinați papaya tăiată cubulețe, ceapa roșie tocată, ardeiul jalapeño tocat, coriandru tocat și sucul de lămâie.
b) Adăugați semințele de papaya și amestecați bine.
c) Asezonați cu sare după gust.
d) Lăsați salsa să stea cel puțin 15 minute pentru a permite aromelor să se topească.
e) Serviți cu chipsuri tortilla, pește la grătar sau tacos.

87.Smoothie cu semințe de papaya

INGREDIENTE:
- 1 banană coaptă
- 1 cană papaya tăiată cubulețe
- 1/2 cană bucăți de ananas
- 1/2 cană frunze de spanac
- 1/2 cană apă de cocos sau lapte de migdale
- 1 lingura de seminte de papaya
- Miere sau sirop de arțar (opțional, pentru dulceață)

INSTRUCȚIUNI:
a) Într-un blender, combinați banana coaptă, papaya tăiată cubulețe, bucățile de ananas, frunzele de spanac, apa de cocos sau laptele de migdale și semințele de papaya.
b) Se amestecă până când este omogen și cremos.
c) Gustați și adăugați miere sau sirop de arțar, dacă doriți, pentru un plus de dulceață.
d) Se toarnă în pahare și se bucură imediat ca un smoothie răcoritor și hrănitor.

88.Sos de seminţe de papaya

INGREDIENTE:
- ¼ cană semințe de papaya
- ¼ cană ulei de măsline
- 2 linguri otet de vin alb
- 1 lingura miere
- 1 lingurita mustar de Dijon
- Sare si piper dupa gust

INSTRUCȚIUNI:
a) Într-un blender sau robot de bucătărie, combinați semințele de papaya, uleiul de măsline, oțetul de vin alb, mierea, muștarul de Dijon, sare și piper.
b) Se amestecă până când dressingul este omogen și semințele de papaya sunt bine încorporate.
c) Gustați și ajustați condimentele dacă este necesar.
d) Transferați sosul cu semințe de papaya într-o sticlă sau borcan cu un capac etanș.
e) Agitați bine înainte de folosire.
f) Stropiți dressingul peste salate sau folosiți-l ca marinadă pentru carne sau legume la grătar.

SEMINTE AMESTECE

89. Thandai Tres Leches

INGREDIENTE:
PENTRU PUDRĂ THANDAI:
- 2 linguri migdale
- 1 lingură caju
- ¼ lingurita boabe de piper negru
- ½ lingură seminţe de fenicul
- ½ lingură de seminţe de mac
- ½ lingură seminţe de pepene galben
- 8-10 păstăi de cardamom
- ½ lingură petale de trandafir uscate
- 8-10 fire de şofran

PENTRU BURET:
- 1 + ½ cană de făină universală
- 1 lingurita praf de copt
- 1 cană iaurt
- ½ lingurita de bicarbonat de sodiu
- ¾ cană zahăr tos
- ½ cană ulei vegetal
- 1 lingurita extract de vanilie
- 2 linguri pudra de thandai

PENTRU AMESTEC DE LAPTE:
- 1½ cani de lapte
- ½ cană lapte condensat
- ¾ cană smântână pentru frişcă
- 7-8 fire de şofran
- 2 linguri sirop thandai

PENTRU GARNITURA:
- Frisca
- Şuviţe de şofran
- Frunza de aur
- Petale de trandafiri uscate

INSTRUCȚIUNI:
PUDRĂ THANDAI:
a) Într-un robot de bucătărie, combinați migdale, caju, boabe de piper negru, semințe de fenicul, semințe de mac, semințe de pepene galben, păstăi de cardamom, petale de trandafir uscate și șuvițe de șofran. Blitz într-o pulbere fină. Pus deoparte.
b) Preîncălziți cuptorul la 180°C. Tapetați o tavă pătrată de 9 inci cu hârtie de pergament pe ambele părți.

PREGĂTIȚI BURETELE:
c) Într-un castron, combină iaurtul și presară peste el bicarbonat de sodiu. Lasă-l să facă spumă.
d) Adăugați zahăr tos în același bol și amestecați bine.
e) Pune o sita peste bol si adauga faina universala si praful de copt. Amesteca bine.
f) Adăugați extract de vanilie și pudra de thandai în aluat. Se amestecă până se combină bine.
g) Turnați aluatul în tava pregătită și coaceți la 180°C timp de 20-25 de minute sau până când o frigărui introdusă iese curată.

AMESTEC DE LAPTE:
h) Într-un ulcior de măsurat sau un pahar, turnați lapte cald.
i) Adăugați șuvițe de șofran, frișcă pentru frișcă, lapte condensat și siropul de thandai. Amesteca bine.

Înmuiați tortul:
j) Odată copt prăjitura, înțepați-l peste tot cu o furculiță.
k) Turnați amestecul de lapte în trei reprize, lăsându-l să se înmoaie corespunzător între intervale. Înclinați tigaia pentru a asigura o absorbție adecvată.
l) Păstrați puțin amestec de lapte pentru servire.
m) Se da la frigider pentru 8 ore sau peste noapte.
n) Inainte de servire, pipa frisca la suprafata.
o) Decorați cu frișcă, petale de trandafir uscate, șuvițe de șofran și foiță de aur.
p) Tăiați tortul în pătrate și puneți-l pe o farfurie.
q) Turnați amestecul de lapte rămas peste prăjitură în timpul servirii.
r) Bucurați-vă!

90.Ridichi murate

INGREDIENTE:
- 1 legatura ridichi, taiate si feliate subtiri
- 1 cana otet alb
- ½ cană apă
- ¼ cană zahăr
- 1 lingura sare
- 1 lingurita boabe intregi de piper negru
- 1 linguriță de seminţe de muștar
- 1 lingurita seminte de marar

INSTRUCȚIUNI:
f) Într-o cratiță, combinați oțetul, apa, zahărul, sarea, boabele de piper negru, semințele de muștar și semințele de mărar.
g) Aduceți amestecul la fiert și amestecați până când zahărul și sarea se dizolvă.
h) Pune ridichile feliate într-un borcan sterilizat.
i) Turnați lichidul fierbinte de decapare peste ridichi, asigurându-vă că acestea sunt complet scufundate.
j) Lăsați ridichile murate să se răcească la temperatura camerei, apoi acoperiți și lăsați-le la frigider pentru cel puțin 24 de ore înainte de servire.

91. Curry De Dovleac Cu Seminte Picante

INGREDIENTE:
- 3 căni de dovleac – tăiat în bucăți de 1-2 cm
- 2 linguri ulei
- ½ lingură de semințe de muștar
- ½ lingură semințe de chimen
- Ciupiți asafetida
- 5-6 frunze de curry
- ¼ de lingură semințe de schinduf
- ¼ de lingură de semințe de fenicul
- ½ lingură ghimbir ras
- 1 lingură pastă de tamarind
- 2 linguri - nucă de cocos uscată, măcinată
- 2 linguri de arahide macinate prajite
- Sare și zahăr brun sau jaggery după gust
- Frunze proaspete de coriandru

INSTRUCȚIUNI:

a) Se incinge uleiul si se adauga semintele de mustar. Când se adaugă, adăugați chimenul, schinduful, asafetida, ghimbirul, frunzele de curry și feniculul. Gatiti timp de 30 de secunde.

b) Adăugați dovleac și sare. Adăugați pasta de tamarind sau apă cu pulpa înăuntru. Adăugați zahăr brun sau jaggery. Adauga nuca de cocos macinata si pudra de arahide. Gatiti inca cateva minute. Adăugați coriandru proaspăt tocat.

92.Salată De Varză și Rodie

INGREDIENTE:
- 1 cană de varză – rasă
- ½ rodie, fără semințele
- ¼ de linguriță de semințe de muștar
- ¼ linguri de semințe de chimen
- 4-5 frunze de curry
- Ciupiți asafoetida
- 1 lingura ulei
- Sare si zahar dupa gust
- Suc de lamaie dupa gust
- Frunze proaspete de coriandru

INSTRUCȚIUNI:
a) Combinați rodia și varza.
b) Se incinge semintele de mustar intr-o tigaie cu uleiul.
c) Adăugați semințele de chimen, frunzele de curry și asafoetida în tigaie.
d) Combinați amestecul de condimente cu varza.
e) Adăugați zahăr, sare și sucul de lămâie și amestecați bine. Se serveste ornat cu coriandru.

93.Salata De Morcovi Si Rodie

INGREDIENTE:
- 2 morcovi – rasi
- ½ rodie, fără semințele
- ¼ de linguriță de semințe de muștar
- ¼ linguri de semințe de chimen
- 4-5 frunze de curry
- Ciupiți asafoetida
- 1 lingura ulei
- Sare si zahar dupa gust
- Suc de lămâie – după gust
- Frunze proaspete de coriandru

INSTRUCȚIUNI:
a) Combinați rodia și morcovul.
b) Se incinge semintele de mustar intr-o tigaie cu uleiul.
c) Adăugați semințele de chimen, frunzele de curry și asafoetida.
d) Combinați amestecul de condimente cu morcovul.
e) Adăugați zahăr, sare și suc de lămâie.
f) Se serveste ornat cu coriandru.

94. Ceai Masala Condiment

INGREDIENTE:

- 1 baton de scortisoara
- 5-6 cuișoare întregi
- 5-6 păstăi întregi de cardamom
- Bucată de 1 inch de ghimbir proaspăt, ras
- 1 lingurita boabe de piper negru
- 1 lingurita de seminte de fenicul
- 1 lingurita seminte de coriandru
- 1 lingurita de seminte de chimen

INSTRUCȚIUNI:

a) Într-o tigaie, prăjiți batonul de scorțișoară, cuișoarele, păstăile de cardamom, boabele de piper negru, semințele de fenicul, semințele de coriandru și semințele de chimen la foc mic, până când sunt parfumate.
b) Se ia de pe foc si se lasa condimentele sa se raceasca.
c) Măcinați condimentele prăjite într-o râșniță de mirodenii sau într-un mojar și pistil până se face bine.
d) Păstrați ceaiul Masala din Kenya într-un recipient ermetic.
e) Pentru utilizare, adăugați un vârf sau două de ceai masala în ceai în timp ce preparați, pentru o aromă aromată și condimentată.

95.Naut cu ardei iute condimentat

INGREDIENTE:
- 3 căni năut fiert
- 1 lingura ulei de masline
- 2 lingurițe de semințe de chimen
- 2 lingurițe de semințe de nigella
- 2 lingurite fulgi de ardei iute, dupa gust
- Fulgi de sare de mare

INSTRUCȚIUNI:
a) Într-o tavă mică de prăjire, turnați năutul scurs și spălat într-un singur strat.
b) Stropiți cu ulei și presărați deasupra chimenul, nigella și fulgii de chili. Adăugați un praf generos de fulgi de sare de mare pentru a se combina.
c) Puneți tava într- un cuptor cu lemne încinse și prăjiți năutul pentru aproximativ 30 de minute, scuturând tava pentru a le amesteca din când în când pentru a asigura o gătire egală.
d) Ar trebui să fie crocante și de o culoare maro auriu bogat. Lăsați-l să se răcească ușor înainte de a-l transfera într-un bol de servire.

96.De Afine și Nuci

INGREDIENTE:
- 1 cană de făină universală
- 2 linguri de zahar brun
- ¾ cană de merișor tăiat cubulețe
- ½ cană de nuci pecan
- ½ cană de semințe de dovleac
- 2 lingurițe de semințe de chia
- 2 lingurițe de semințe de susan
- 1 lingurita de rozmarin proaspat tocat marunt
- ½ lingurita coaja de portocala
- 1 lingurita de bicarbonat de sodiu
- ½ linguriță de sare
- 1 cană de lapte
- sare grunjoasă (pentru topping)

INSTRUCȚIUNI:
a) Preîncălziți cuptorul la 350°F (180°C).
b) Într-un castron mare, combinați toate ingredientele, cu excepția laptelui. După ce totul este amestecat, adăugați laptele pentru a crea un aluat.
c) Ungeți mini-tăvii cu spray de gătit și umpleți-le cu aluat, umplând fiecare tavă până la aproximativ două treimi.
d) Coaceți timp de 25-40 de minute sau până când biscuiții devin fermi. Timpul exact de coacere poate varia în funcție de dimensiunea tavilor pentru pâine. A durat aproximativ 30 de minute până la coacere.
e) Lăsați pâinile coapte să se răcească timp de 10-15 minute, apoi transferați-le la congelator pentru 30-60 de minute. Alternativ, le puteți lăsa să se răcească la temperatura camerei, deși acest lucru poate dura câteva ore.
f) Odată ce pâinile s-au răcit complet, preîncălziți cuptorul la 325 ° F (160 ° C) și scoateți cu grijă pâinile coapte din tavă.
g) Folosind un cuțit zimțat ascuțit, feliați fiecare pâine în felii subțiri, de aproximativ ⅛ groase.
h) Puneți biscuiții feliați pe un grătar de sârmă așezat pe o tavă tapetată și presară sau măcinați sare grunjoasă deasupra.
i) Se coace 25-30 de minute.
j) Lăsați biscuiții să se răcească; vor continua să se crocante pe măsură ce se răcesc.

97.Godiva și coajă de ciocolată de migdale

INGREDIENTE:
- 8 uncii de ciocolată neagră Godiva, tocată fin
- ½ cană migdale prăjite, tăiate grosier
- ¼ cană de semințe amestecate (de exemplu, semințe de dovleac, semințe de floarea soarelui, semințe de chia)
- Un praf de sare de mare (optional, pentru garnitura)

INSTRUCȚIUNI:
a) Tapetați o foaie de copt cu hârtie de copt sau un covor de copt din silicon. Asigurați-vă că se potrivește în frigider sau congelator.
b) Puneți ciocolata neagră Godiva tocată mărunt (sau chipsurile de ciocolată neagră) într-un castron care poate fi utilizat în cuptorul cu microunde. Puneți la microunde la intervale de 20-30 de secunde, amestecând de fiecare dată, până când ciocolata este complet topită și netedă. Alternativ, puteți topi ciocolata folosind un boiler pe plită.
c) Turnați ciocolata neagră topită pe foaia de copt pregătită. Folosiți o spatulă sau spatele unei linguri pentru a o întinde uniform într-o formă dreptunghiulară sau pătrată, de aproximativ ¼ până la ½ inch grosime.
d) Presarati migdalele prajite tocate si semintele amestecate uniform peste ciocolata topita cat este inca moale. Apăsați-le ușor în ciocolată, astfel încât să adere.
e) Dacă doriți, presărați un praf de sare de mare fulgioasă peste coaja de ciocolată. Acest lucru adaugă un contrast încântător la dulceața ciocolatei.
f) Puneți foaia de copt în frigider sau congelator pentru a lăsa coaja de ciocolată să se întărească. Va dura aproximativ 30 de minute până la 1 oră la frigider sau aproximativ 15-30 de minute la congelator.
g) Odată ce coaja de ciocolată este complet întărită și fermă, scoateți-o din frigider sau congelator.
h) Folosește-ți mâinile sau un cuțit pentru a-l rupe în bucăți neregulate sau cioburi.

98. Boluri de dovleac Goji

INGREDIENTE:
- 2 dovlecei ghinda medii
- 4 lingurite ulei de cocos
- 1 lingura sirop de artar sau zahar brun
- 1 lingurita garam masala
- Sare de mare fină
- 2 cani de iaurt simplu grecesc
- Granola
- fructe de padure goji
- Arile de rodie
- Nuci pecan tocate
- Semințe de dovleac prăjite
- Unt de nuci
- Semințe de cânepă

INSTRUCȚIUNI:

a) Preîncălziți cuptorul la 375°F.
b) Tăiați dovleacul în jumătate de la tulpină până jos. Scoateți și aruncați semințele. Ungeți pulpa fiecărei jumătăți cu ulei și sirop de arțar, apoi stropiți cu garam masala și un praf de sare de mare. Puneți dovleacul pe o tavă de copt cu marginea tăiată în jos. Coaceți până se înmoaie, 35 până la 40 de minute.
c) Întoarceți dovleacul și răciți ușor.
d) Pentru a servi, umpleți fiecare jumătate de dovleac cu iaurt și granola. Adăugați fructe de goji, arili de rodie, nuci pecan și semințe de dovleac, stropiți cu unt de nuci și stropiți cu semințe de cânepă.

99.Bolul cu iaurt Superfood

INGREDIENTE:
- 1 cană iaurt grecesc
- 1 lingurita pudra de cacao
- ½ lingurita de vanilie
- Semințe de rodie
- Semințe de cânepă
- semințe chia
- fructe de padure goji
- Afine

INSTRUCȚIUNI:
a) Combinați toate ingredientele într-un bol.

100. Boluri cu papaya Kiwi

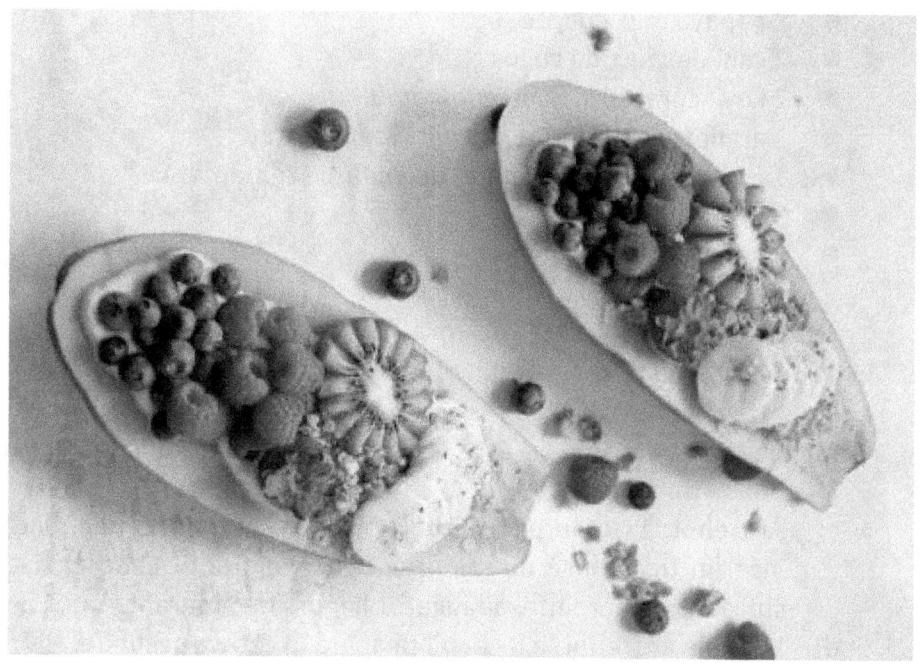

INGREDIENTE:
- 4 linguri de amarant, împărțite
- 2 papaya mici coapte
- 2 cani de iaurt de cocos
- 2 kiwi, curatati si taiati cubulete
- 1 grapefruit roz mare, decojit și segmentat
- 1 portocală de buric mare, decojită și segmentată
- Semințe de cânepă
- Seminte de susan negru

INSTRUCȚIUNI:
a) Se încălzește o cratiță înaltă și largă la foc mediu-mare timp de câteva minute.
b) Verificați dacă tigaia este suficient de fierbinte adăugând câteva boabe de amarant.
c) Ar trebui să tremure și să izbucnească în câteva secunde. Dacă nu, încălziți tigaia încă un minut și testați din nou. Când tigaia este suficient de fierbinte, adăugați 1 lingură de amarant.
d) Boabele ar trebui să înceapă să apară în câteva secunde.
e) Se acoperă oala și se agită din când în când, până când toate boabele scapă. Se toarnă amarantul pătruns într-un castron și se repetă cu amarantul rămas, câte 1 lingură.
f) Tăiați papaya în jumătate pe lungime, de la tulpină până la coadă, apoi îndepărtați și aruncați semințele. Umpleți fiecare jumătate cu amarant și iaurt de cocos.
g) Acoperiți cu segmente de kiwi, grapefruit și portocale și stropiți cu semințe de cânepă și semințe de susan.

CONCLUZIE

În timp ce ne luăm rămas bun de la „SEMINTA ULTIMA CARTE DE BUCATE", o facem cu inimile pline de recunoștință pentru aromele savurate, amintirile create și aventurile culinare împărtășite pe parcurs. Prin 100 de rețete care au celebrat diversitatea și versatilitatea semințelor, am explorat potențialul incredibil al acestor ingrediente minuscule, dar puternice, descoperind noi arome, texturi și tehnici pe parcurs.

Dar călătoria noastră nu se termină aici. Pe măsură ce ne întoarcem în bucătăriile noastre, înarmați cu inspirație nouă și apreciere pentru semințe, să continuăm să experimentăm, să inovăm și să creăm. Fie că gătim pentru noi înșine, pentru cei dragi sau pentru oaspeți, rețetele din această carte de bucate să servească drept sursă de bucurie și satisfacție pentru anii următori.

Și pe măsură ce savurăm fiecare mușcătură delicioasă de bunătate infuzată cu semințe, să ne amintim de plăcerile simple ale mâncării bune, companiei bune și bucuria de a găti. Vă mulțumim că v-ați alăturat nouă în această călătorie aromată prin lumea semințelor. Fie ca bucătăria ta să fie mereu plină de bunătatea sănătoasă a semințelor și fie ca fiecare fel de mâncare creată să fie o sărbătoare a sănătății, aromei și creativității.

www.ingramcontent.com/pod-product-compliance
Lightning Source LLC
Chambersburg PA
CBHW070700120526
44590CB00013BA/1034